essentials

essentials liefern aktuelles Wissen in konzentrierter Form. Die Essenz dessen, worauf es als „State-of-the-Art" in der gegenwärtigen Fachdiskussion oder in der Praxis ankommt. *essentials* informieren schnell, unkompliziert und verständlich

- als Einführung in ein aktuelles Thema aus Ihrem Fachgebiet
- als Einstieg in ein für Sie noch unbekanntes Themenfeld
- als Einblick, um zum Thema mitreden zu können

Die Bücher in elektronischer und gedruckter Form bringen das Expertenwissen von Springer-Fachautoren kompakt zur Darstellung. Sie sind besonders für die Nutzung als eBook auf Tablet-PCs, eBook-Readern und Smartphones geeignet. *essentials:* Wissensbausteine aus den Wirtschafts-, Sozial- und Geisteswissenschaften, aus Technik und Naturwissenschaften sowie aus Medizin, Psychologie und Gesundheitsberufen. Von renommierten Autoren aller Springer-Verlagsmarken.

Weitere Bände in der Reihe http://www.springer.com/series/13088

Über den Autor

Dr. Edwin Hoffman, selbstständiger Trainer und Dozent für interkulturelle Kommunikation.
Externer Lehrbeauftragter an der Alpen-Adria-Universität, Klagenfurt, Österreich.
e.hoffman@gmx.at
https://www.linkedin.com/in/edwin-hoffman-48032919/

Inhaltsverzeichnis

Vorwort

Dieses *essential* ist großtenteils eine Zusammenfassung – mit innovativen Aktualisierungen – des Buches *Interkulturelle Gesprächsführung,* Hoffman Edwin (2015), Wiesbaden: Springer.

Vielen Dank an Elisabeth Jaksche-Hoffman, Solweig Münzel-Münzthal und vor allem Anette Villnow für ihr Lektorat.

Besonderer Dank gilt auch Frau Roopashree Polepalli und Frau Marion M. Krämer vom Verlag Springer für die sehr gute Zusammenarbeit.

Edwin Hoffman

Was Sie in diesem *essential* finden können

- Jenseits von Kulturalismus: Diversität und Multikollektivität, Multikulturalität und mehrfache Identität jeder Person.
- Die Zirkularität der Kommunikation.
- Das TOPOI-Modell als Lupe für interkulturelle Gesprächsführung.
- Die fünf TOPOI-Bereiche: Sprache, Sichtweise, Personen, Organisation und Wollen.
- Handlungsstrategien für die interkulturelle Gesprächsführung.

Edwin Hoffman
Velden am Wörthersee, Österreich

ISSN 2197-6708   ISSN 2197-6716   (electronic)
essentials
ISBN 978-3-658-30586-4   ISBN 978-3-658-30587-1   (eBook)
https://doi.org/10.1007/978-3-658-30587-1

Die Deutsche Nationalbibliothek verzeichnet diese Publikation in der Deutschen Nationalbibliografie; detaillierte bibliografische Daten sind im Internet über http://dnb.d-nb.de abrufbar.

Planung/Lektorat: Marion Kraemer
Springer ist ein Imprint der eingetragenen Gesellschaft Springer Fachmedien Wiesbaden GmbH und ist ein Teil von Springer Nature.
Die Anschrift der Gesellschaft ist: Abraham-Lincoln-Str. 46, 65189 Wiesbaden, Germany

Edwin Hoffman

Interkulturelle Gesprächsführung

Menschen begegnen einander, nicht Kulturen

 Springer

Einleitung 1

Jeder Praktiker[1] im sozialen Bereich hat mit der Superdiversität der Gesellschaft zu tun. Superdiversität zeigt, wie geschichtet, kontextabhängig und veränderlich sich Menschen sozial organisieren und identifizieren (Vertovec 2007). Die Menschen der autochthonen Bevölkerung gemischt mit Migranten aus einer Vielzahl von Herkunftsländern haben alle ihre eigene Vielfalt an sozialen Gruppen. Hinzu kommt die fortschreitende Individualisierung. Die soliden Identitäten der Vergangenheit (Nationalität, Religion, politische Zugehörigkeit, Klasse, Geschlecht), die man von Geburt an für selbstverständlich gehalten hat, sind längst dem Wandel der „flüssigen Identitäten" gewichen. Die Menschen stehen vor der Aufgabe, ihre eigene Identität zu bestimmen (Bauman 2000, S. 31–32).

Was bedeutet diese oben skizzierte Superdiversität für die Kommunikation? Dieses *essential* bietet mit vielen Beispielen einen innovativen Ansatz interkultureller Kommunikation und das TOPOI-Modell als praktische Hilfestellung. Bei diesem innovativen Zugang steht nicht die Kultur im Vordergrund, sondern die Kommunikation, die kontextgebundene Interaktion zwischen einzigartigen Personen, eingebettet in ihre Lebenswelten: also interkulturelle Kommunikation als *interpersonale* Kommunikation. Das TOPOI-Modell enthält Handlungsstrategien zur Reflexion und Überbrückung von Kommunikationsunterschieden und kann als Lupe eingesetzt werden, um Gesprächssituationen zu reflektieren und neuralgische Bereiche für das Entstehen von Missverständnissen herauszuarbeiten.

---

[1]Aus Gründen der besseren Lesbarkeit wird in diesem Buch das generische Maskulinum verwendet. Dies impliziert immer beide Formen, schließt also die weibliche und nicht-binäre Form mit ein.

© Der/die Herausgeber bzw. der/die Autor(en), exklusiv lizenziert durch Springer Fachmedien Wiesbaden GmbH, ein Teil von Springer Nature 2020
E. Hoffman, *Interkulturelle Gesprächsführung,* essentials,
https://doi.org/10.1007/978-3-658-30587-1_1

Die Erkenntnisse und praktischen Anweisungen konzentrieren sich vor allem auf die Gesprächsführung mit Menschen unterschiedlicher nationaler, ethnischer und religiöser Herkunft, aber sie lassen sich auf *jede* Differenzkategorie anwenden. Die nationalen, ethnischen und religiösen Perspektiven wurden gewählt, weil sie in der Praxis die meisten Fragen aufwerfen.

Dieses *essential* ist wie folgt aufgebaut:

Kap. 2 befasst sich mit dem Kulturalismus und seinen Risiken.

In Kap. 3 werden die Multikollektivität, Multikulturalität und mehrfache Identität jeder Person erläutert als Einführung in eine neue Definition von Kulturalität, Interkulturalität und interkultureller Kommunikation.

Kap. 4 beleuchtet die Zirkularität der Kommunikation und stellt das TOPOI-Modell vor.

Kap. 5 verdeutlicht die Bereiche des TOPOI-Modells: Sprache, Sichtweise, Personen, Organisation und Wollen.

Kap. 6 bietet Handlungsstrategien für die Gesprächsführung, auch mit Menschen mit Migrationshintergrund.

Kulturalismus und seine Risiken

2

Praktiker bedienen sich oft kulturalistischer Angebote aus Fachliteratur und Workshops, um zu lernen, in der Kommunikation effektiv mit Kulturunterschieden umzugehen.

2.1 Kulturalismus

In einem kulturalistischen Ansatz werden Menschen anderer Herkunft nur als Repräsentanten ihrer nationalen Kultur gesehen und es stehen bei der Lösung von Kommunikationsproblemen ihre national-kulturellen Merkmale im Mittelpunkt, die man eben kennen muss. So kommentiert etwa Hofstede einen Vorfall, als Markus, ein indonesischer Manager, verletzt reagiert, nachdem ihn Frans, sein niederländischer Kollege, im Spaß „ein reizender Dieb" nennt: „In Indonesien, wo der Status heilig ist, wird eine Beleidigung immer wörtlich genommen. Frans hätte dies wissen müssen" (Hofstede 1997, S. 297).

Vor der Behandlung der Risiken eines kulturalistischen Ansatzes muss zunächst klar festgestellt werden, dass die Kenntnis kultureller, ethnischer, religiöser, sozialökonomischer und migrantischer Hintergründe zweifellos relevant ist, wenn man mit Menschen verschiedener Nationalitäten arbeitet. Diese Kenntnis hilft, einen Blick für andere Bedeutungssysteme zu bekommen und die eigenen kulturellen Selbstverständlichkeiten zu relativieren und zu hinterfragen. Ethnozentrismus – die oft negative Bewertung anderer Kulturen nach eigenen kulturellen Maßstäben – wird so vermieden.

Riskant ist der kulturalistische Ansatz, wenn Kenntnis der nationalen Kultur als Vorschrift präsentiert oder aufgefasst wird, um mit einer Person kommunizieren zu können, und ihre nationale Herkunft oder Religion als einzige

Erklärung für ihr Verhalten dient. Aufgrund der Beharrlichkeit des Kulturalismus im Umgang mit Menschen wird den Risiken besondere Aufmerksamkeit geschenkt.

2.2   Die Risiken des Kulturalismus

Die Reduktion einer Person auf ihre nationale, ethnische oder religiöse Identität

> **Beispiel**
>
> Adil, ein (syrischer) Schüler, wird auf seinen Lehrer wütend, weil er vor der Klasse für sein Betragen zurechtgewiesen wurde. Ein Kursleiter begründet Adils Reaktion mit seinem syrisch-kulturellen Hintergrund – eine kollektive Kultur, in der Ehre überaus wichtig ist. Der Rat lautet deshalb, Schüler aus einer kollektiven Kultur nie in einer Gruppe zurechtzuweisen. ◄

Bei dieser kulturalistischen Herangehensweise wird ignoriert, dass Adil vom Lehrer in erster Linie als Schüler angesprochen wird. Dass Adil vielleicht als Pubertierender reagiert, der seine Grenzen auslotet, oder als Freund, der sich vor seinen Freunden in der Klasse nicht blamieren will, dass er aus einer bestimmten Familiensituation kommt und dass er noch einen persönlichen Charakter hat – das alles zählt nicht als möglicher Grund, warum Adil so reagiert. Nein, die einzig mögliche Erklärung ist sein nationaler Hintergrund. Ein solcher Rat leistet der Unsicherheit der Lehrer Vorschub, die nicht wissen, wie sie mit Schülern mit Migrationshintergrund umgehen sollen.

Die falsche Legitimierung von Handlungsweisen

Sowohl Migranten als auch Autochthone können ein kulturalistisches Erklärungsmodell zur Legitimierung oder Entschuldigung ihres Verhaltens heranziehen.

> **Beispiel**
>
> Ein für die Schulpflicht zuständiger Beamter berichtete, dass das Fernbleiben von der Schule marokkanischer und türkischer Mädchen ab einem bestimmten Alter Teil von deren Kultur sei, und deshalb sei es sinnlos, in die Durchsetzung der Schulpflicht bei diesen Mädchen Zeit zu investieren. ◄

Beispiel

Eine (türkische) pädagogische Mitarbeiterin sagt, sie finde es ganz schwierig, mit türkischen Eltern über die Gefühle des Kindes zu sprechen und die Eltern üben zu lassen, sich darum zu bemühen. Sie finde das künstlich und sei sich sicher, dass die Eltern das nur vor ihr so täten, aus Gefälligkeit, es aber nicht wirklich anwenden würden, weil das Sprechen über Gefühle in ihrer Kultur nun einmal nicht üblich sei. ◄

Der kulturalistische Ansatz hat zur Folge, dass Menschen in ihrer Kultur eingesperrt werden: Sie sind Türken, die türkische Kultur ist so, und deshalb behandle ich sie auf diese Weise. Hier wird Kultur essentialistisch im Sinn eines fixen, statischen und homogenen, abgeschlossenen Systems verstanden, welches das unveränderliche Wesen eines bestimmten Volkes und jeder Person, die ihm angehört, bildet.

Die Exotisierung des Verhaltens einer Person und die einseitige Festlegung seiner Bedeutung

Der kulturalistische Ansatz weist dem Verhalten eine eindeutige Bedeutung zu und macht ein bestimmtes Verhalten von Personen zu etwas Außergewöhnlichem, etwas Exotischem. Andere übliche Interpretationen des Verhaltens sind somit ausgeschlossen.

Beispiel

In einem Workshop erzählte eine Beraterin eines Arbeitsamtes, dass ihr ein Kollege erklärt hatte, dass muslimische Männer nicht länger als zehn Minuten mit einer Frau sprechen dürfen. Sie erhielt diese Aussage als Erklärung für eine unangenehme Erfahrung mit einem ausländischen Arbeitssuchenden, der während des Aufnahmegesprächs sehr unruhig wurde und am Ende weggelaufen war, ohne sich zu verabschieden. Die Beraterin wollte nun mehr über den Islam wissen, um das Verhalten von Muslimen besser zu verstehen. Eine andere Workshop-Teilnehmerin reagierte jedoch prompt und sagte, was der Kollege über muslimische Männer erzählt habe, sei Unsinn. Sie habe bei einem Aufnahmegespräch mit einem Arbeitssuchenden anderer Herkunft dasselbe erlebt. Und was stellte sich heraus? Der Mann hatte einfach sein Auto falsch geparkt und wollte deshalb so schnell wie möglich zu seinem Auto zurück. ◄

Verallgemeinerung und Stereotypisierung

Ein kulturalistischer Ansatz bringt das Risiko von Verallgemeinerung und Stereotypisierung mit sich und die Leugnung der Tatsache, dass jede Person ihrem
kulturellen und religiösen Hintergrund auf eigene, einzigartige Weise Inhalt und
Sinn verleiht.

Beispiel

Eine Organisation nahm bei einer Studientagung über interkulturelle Öffnung
auf ihre islamischen Mitarbeiter Rücksicht und sorgte dafür, dass es zum
Lunch auch Speisen ohne Schweinefleisch gab. Ein (iranischer) Mitarbeiter
schaute sich an, was beim Buffet alles an Köstlichkeiten angeboten wurde,
als ihn ein Kollege helfend ansprach: „Deine Snacks stehen dort." Der Mann
schaute überrascht und sagte, auf die Snacks dort habe er keine Lust, er sehe
eine Menge andere verlockende Dinge. ◄

„Wir und die anderen" und der Streit um die Anpassung

Eine weitere Falle des kulturalistischen Ansatzes ist das Denken im Schema „Wir
und sie, die anderen", da die Aufmerksamkeit vor allem auf das Anderssein der
Menschen anderer Herkunft gerichtet ist. Dies fördert ein Exklusivdenken in
Begriffen von wir: „wir" Einheimische und „sie", die Fremden, und umgekehrt.
Im Zusammenhang mit Kulturunterschieden führt dies schnell zu einem Streit –
wer muss sich wem anpassen? Darin können Praktiker aus der Mehrheitsposition
heraus die Haltung vertreten: „Sie sind jetzt in Deutschland, also passen Sie sich
an." Dies erzeugt bei der Gegenpartei Widerstand oder ein sozial angepasstes
Verhalten.

Das exklusive Denken im Schema „Wir und sie" ist ebenfalls in der häufigen
Unterscheidung zwischen den westlichen Ich-Kulturen und den nichtwestlichen
Wir-Kulturen und, damit verbunden, zwischen Schuld- und Schamkulturen zu
finden. Dabei wird die Diversität innerhalb der westlichen und der nichtwestlichen Kulturen außer Acht gelassen, die Unterschiede zwischen beiden werden
überbetont und die Gemeinsamkeiten verkannt.

Beispiel

Bei einem Training für interkulturelle Kompetenz bei der Polizei fragt eine
teilnehmende Polizistin, wie sie Eltern mit Migrationshintergrund zur Mit-
arbeit bringen könne. Der (marokkanische) Kursleiter antwortet, die Allo-

chthonen hätten eine Schamkultur, und Polizisten dürften das, was die Eltern sagen, nicht infrage stellen.   Der Kursleiter zeigt, wie die Polizisten mit den Eltern sprechen können: „Ich sehe in unserem Computer, dass Sie schon seit Jahren in den Niederlanden sind. Ich verstehe, dass Sie vielleicht nicht im Bilde sind, was Ihr Sohn gemacht hat. Ich gebe das in den Computer ein: Sie sind gut, Ihr Sohn ist nicht gut. Ich bin auch Vater. Das Leben ist schwer. Das wirkt" (Rosenberg 2009, S. 3). ◄

Statt auf die Schamkultur der Allochthonen hinzuweisen, hätte der Kursleiter sagen können, die Polizisten könnten sich doch wohl vorstellen, dass es für alle Eltern schwierig sei, wenn der Eindruck entstehe, sie seien keine guten Eltern. Die Polizeibeamten, die selbst Vater oder Mutter sind, werden dem zustimmen. Zuerst kann man Eltern – aufrichtig – Anerkennung vermitteln, dass sie gute Eltern sind. Das Sprechen über intakte Bereiche, über das, was bei den Kindern gut geht, ist da hilfreich. Danach kann dann über Schwierigkeiten bezüglich der Kinder gesprochen werden. Ohne über Allochthone und ihre Schamkultur zu sprechen, kann der Kursleiter so mit einem *inklusiven Ansatz* den Polizisten vermitteln, dass alle Eltern gute Eltern sein wollen und das Bedürfnis haben, dass dies anerkannt wird.

Bevormundung

Es zeugt von einer gewissen Bevormundung, wenn man aufgrund eines kulturalistischen Ansatzes denkt, lernen zu können, wie sie, die Menschen anderer Herkunft, sich verhalten. Diese Menschen fragen sich dann auch, warum man eine „Gebrauchsanweisung" braucht, um mit ihnen zu verkehren. Manche Menschen glauben sogar, selbst ein „Echtheitszertifikat" ausstellen zu können, man denke an Äußerungen, wie: „Du bist kein echter Iraker mehr, Du bist so deutsch, wie es nur geht."
Das Erlernen einer kulturalistischen Sichtweise geht von einem statischen Kulturbegriff aus und wird der Heterogenität und Dynamik einer Kultur nicht gerecht. Jede Kultur ist Veränderungen unterworfen, umso mehr, als die Menschen ihr kulturelles Instrumentarium immer wieder neuen Situationen anpassen (müssen).

Beispiel

Ein Lehrer erzählte von einer Gruppe Asiaten, die ihm an seinem Geburtstag ein Geschenk überreichte. Zur Vorbereitung auf diese Gruppe hatte er sich in ihre Kultur vertieft und gelernt, dass das sofortige Auspacken von Geschenken als unhöflich, als gierig gilt. Deshalb legte er das Päckchen ungeöffnet zur Seite. In der Kaffeepause fragte ihn eine Teilnehmerin schüchtern, warum er das Päckchen nicht geöffnet habe. Hier in diesem Land sei es doch üblich, sofort auszupacken und etwas dazu zu sagen. ◄

Eine Verlegenheit, die an bewährten Fähigkeiten zweifeln lässt

Der kulturalistische Ansatz führt dazu, dass Professionals bei Kontakten mit Menschen anderer Herkunft plötzlich das Gefühl haben, sich anders als sonst verhalten zu müssen. Sie befürchten, Fehler zu machen, verlieren ihre Unbefangenheit und vergessen ihre kommunikativen Fähigkeiten.

> **Beispiel**
>
> Ein Personalberater fragte, wie er die Motivation eines somalischen Arbeitssuchenden herausfinden könne. Auf die Frage, ob er es denn damit versucht habe, ihn zu fragen, reagierte er verblüfft. Der Personalberater dachte, Personen anderer Herkunft könne man doch nicht einfach fragen, welche Arbeit sie genau wollen und was sie dazu motiviert. Er hatte von der indirekten Kommunikation der Menschen aus nichtwestlichen kollektiven Kulturen gehört und fürchtete, solche direkten Fragen könnten sie abschrecken. ◄

> **Beispiel**
>
> Eine erfahrene Jugendarbeiterin erzählte, ein Mädchen habe sie um Rat gefragt, weil es eine Beziehung mit einem Jungen habe, der Moslem sei. Das Mädchen fühlte sich unsicher wegen der negativen Geschichten, die sie über Frauen und den Islam gehört hatte. Sie habe das Mädchen, sagte die Jugendarbeiterin, gleich an ihren (muslimischen) Kollegen verwiesen, mit der Erklärung, sie wisse zu wenig über den Islam, und der Kollege könne dazu dem Mädchen sicher viel erklären. ◄

Damit, dass die Jugendarbeiterin die Kenntnis der Religion als Voraussetzung sieht, eine gute Beraterin zu sein, vergibt sie die Chance, gemeinsam mit der Jugendlichen herauszufinden, was genau sie unsicher macht, welche Erfahrungen sie diesbezüglich mit ihrem Freund gemacht hat, ob sie mit ihrem Freund darüber reden kann usw. Auch ohne Kenntnis des Islam hätte die Jugendarbeiterin, ohne den muslimischen Kollegen einzuschalten, das Mädchen selbst gut und wahrscheinlich sogar besser unterstützen können. Statt das Mädchen von dem muslimischen Kollegen als „Experte" unterrichten zu lassen, was es mit dem Islam bezüglich Frauen auf sich hat, hätte die Jugendarbeiterin als Coach das Mädchen dafür befähigen können (Empowerment), wie sie mit ihrem Freund – der in Bezug auf die Frage des Mädchens doch der beste Experte ist – ins Gespräch kommen kann, um von ihm selbst zu hören, was der Islam für ihn und für ihre Beziehung bedeutet.

Multikollektivität, Multikulturalität und mehrfache Identität jeder Person

Der Mensch ist ein soziales Wesen und braucht für die Gestaltung seines Lebens andere Menschen. Im Laufe der Zeit wird ein Mensch Teil vieler Kollektive und zeichnet sich folglich durch Multikollektivität, Multikulturalität und eine mehrfache Identität aus.

3.1 Kollektiv und Kultur

Jeder Mensch ist Teil vieler sozialer Gruppen, auch Kollektive genannt. Ein Kollektiv ist eine Gruppe von Menschen mit einer partiellen Gemeinsamkeit (Hansen 2009). Zum Beispiel ist eine partielle Gemeinsamkeit die Familienzugehörigkeit der Mitglieder einer Familie, weil sie auch Teil anderer Kollektive wie eines Sportvereins, eines Freundeskreises und eines Chors usw. sein können.

Jede dieser sozialen Gruppen ist mehr oder weniger durch eine bestimmte Kultur geprägt: Kultur als eine soziale Ordnung der Gewohnheiten eines Kollektivs wie Familienkulturen, Jugendkulturen, Netzkulturen, Nachbarschaftskulturen, Stadt- und Dorfkulturen, Organisationskulturen, aber auch die zahlreichen Kulturen, die bereits entstehen, wenn sich zwei Menschen ausreichend verstehen, um miteinander interagieren zu können. Denn zusätzlich zu den hoch entwickelten, großräumigen – z. B. nationalen – Kulturen mit ihren umfassenden kulturellen Gewohnheiten von kollektiv geteilten Wissensnetzwerken und von gelernten Routinen im Verhalten, Denken, Fühlen, Interpretieren und Interagieren mit anderen Personen (Hong in Henze 2016, S. 64) gibt es die elementare Form der Kultur: eine gewisse soziale Ordnung, die Menschen einhalten müssen, damit Interaktionen miteinander zumindest potenziell erfolgreich verlaufen. Sobald Menschen einen gewissen Grad der Verständigung erreicht haben, teilen sie etwas miteinander und sei es auch nur für einen kurzen Moment, etwa wenn jemand an einem fremden Ort mithilfe von stark artikulierter Körpersprache und Mimik erfolgreich nach dem Weg fragt. Und das bedeutet, dass sich in diesem kurzen Moment eine Kultur herausgebildet hat, die es ihren Mitgliedern ermöglicht, sich in irgendeiner Form an sozialen Interaktionen zu beteiligen. Diese Kultur beinhaltet eine bestimmte soziale Ordnung, die befolgt werden muss, um in sozialen Kontakten Bedeutung zu schaffen (Blommaert 2015).

Die Kulturen der verschiedenen sozialen Gruppen, an denen Menschen teilnehmen, beeinflussen ihre Kommunikation: ihre verbale und nonverbale Sprache, ihre Ansichten und ihr Interagieren mit anderen.

Da jedes Kollektiv mehr oder weniger über eine eigene Kultur verfügt, gibt es ebenso viele Kulturen wie Kollektive. Dies ist eine wichtige Feststellung, da Kultur häufig nur mit nationalen Gesellschaften und mit ethnischen Gruppen in Zusammenhang gebracht wird. Damit bleibt der Einfluss anderer Kollektive wie Partnerbeziehung, Geschlecht, Altersgruppe, Berufsgruppe, soziale Schicht und Religionsgemeinschaft unberücksichtigt. Man kann sie Subkulturen nennen, aber ihr Einfluss kann größer sein als der der nationalen Kultur.

> **Beispiel**
>
> Wie sehr der Einfluss der Nationalkultur dem subkulturellen Einfluss etwa des Dorfes, der Familie und des Berufes im Alltagsleben eines Menschen untergeordnet sein kann, zeigt die Erzählung von Vedran Frankovic aus dem kroatischen Istrien. Sein Großvater, der Anfang des 20. Jahrhunderts geboren wurde, war Weinbauer. Er habe nie sein Dorf verlassen und dennoch in vier Ländern gewohnt, was allerdings kaum Einfluss auf ihn als Person und sein alltägliches Leben hatte. Denn während des Lebens des Großvaters gehörte Istrien zu vier verschiedenen Staaten: zu Österreich (Habsburger Monarchie), Italien, Jugoslawien und Kroatien. ◄

3.2 Multikollektivität, Multikulturalität und mehrfache Identität

Aus allen sozialen Gruppen, denen eine Person angehört, kann sie eine (partielle) Identität ableiten. Jeder Mensch ist mehr als nur seine nationale, ethnische oder religiöse Identität. Zum Beispiel ist jemand nicht nur eine Frau, eine Deutsche, Schweizerin oder Österreicherin, sondern auch eine Studentin, in ihren Zwanzigern, eine Buddhistin, Gamer, Youtuber, Vegetarierin, Tochter von usw.

Jede Person ist somit durch Multikollektivität, Multikulturalität sowie eine mehrfache Identität und Loyalität gekennzeichnet. Mit den Worten von Kreps und Kunimoto (Kreps und Kunimoto 1994, S. 3): „Jedes Individuum besteht aus einer einzigartigen Kombination verschiedener kultureller Orientierungen und Einflüsse, und jeder Mensch gehört vielen verschiedenen kulturellen Gruppen an. Es ist wichtig, dass wir die Einflüsse vieler Kulturen auf unser Leben erkennen. Basierend auf unserem Erbe und unseren Lebenserfahrungen entwickeln wir alle unsere eigene idiosynkratrische multikulturelle Identität."

Beispiel

Eine Teilnehmerin an einem Workshop beginnt ihren Beitrag zu einer Diskussion mit den Worten: „Als eine in Algerien geborene Berberin mit Arabisch, Berberisch und Englisch als Muttersprachen, die aus einer großen internationalen Familie kommt, gerade in Frankreich lebt und als Bankerin in der Zweigstelle der Bank in Paris arbeitet, möchte ich sagen …" (Nazarkiewicz 2016, S. 29). ◄

3.3　Interkulturelle Kommunikation ist zwischenmenschliche Kommunikation

Aufgrund der Multikollektivität, Multikulturalität und mehrfachen Identität jedes Einzelnen können in jeder Kommunikation kulturelle Unterschiede auftreten, also nicht nur in der Kommunikation mit Menschen anderer Herkunft. Kulturelle Unterschiede können beispielsweise auch zwischen einer Schwester und ihrem Bruder auftreten, da sie neben den gemeinsamen sozialen Gruppen (Familie, Geschwister) auch noch verschiedenen sozialen Gruppen, damit verbunden Kulturen und Identitäten angehören.

Beispiel

Die Autorin Connie Palmen schreibt: „Kein Leben kenne ich besser als das meine. Ich bin dabei und ich schaue es an. Ich schaue es an mit einem Blick, der durch die Philosophie und die Literatur geformt ist. Da sieht man andere Dinge als jemand, der Mathematik oder Biologie studiert hat, und man sieht auch andere Dinge, weil man eine Frau ist, Katholikin, Schwester von drei Brüdern und Südländerin vom flachen Land" (Palmen 1999, S. 100). ◄

Die Erkenntnis, dass kulturelle Unterschiede in jeder Kommunikation auftreten können, normalisiert die interkulturelle Kommunikation auf zwischenmenschliche Kommunikation; auf die Begegnung zwischen einzigartigen Menschen: „Nicht Kulturen, sondern Menschen treffen sich." Zusätze wie „interkulturell" und „transkulturell" sowie „intrakulturell", um anzugeben, dass es sich um Personen mit unterschiedlichen oder mit identischen nationalen Hintergründen handelt, sind überflüssig. Schließlich geht es immer um die zwischenmenschliche Kommunikation zwischen einzigartigen Personen, bei der neben Gemeinsamkeiten auch Unterschiede – und nicht nur kulturelle – häufig vorkommen.

Ein solcher inklusiver Ansatz der interkulturellen Kommunikation als zwischenmenschliche Kommunikation bietet die Möglichkeit, sich auf der Grundlage des gemeinsamen Menschseins mit universellen Bedürfnissen, Emotionen sowie Kompetenzen und gemeinsamen Teilidentitäten wie Elternschaft, Ausbildung, Alter, Arbeit, Religion und sozioökonomische Position mit anderen zu verbinden. Diese Gemeinsamkeiten sind angesichts der Tatsache, dass sich ein kulturalistischer Ansatz nur auf die kulturellen Unterschiede zwischen den Menschen konzentriert und nicht auch auf das, was sie verbindet, besonders wichtig.

3.4   Person oder Kultur?

Beispiel

„Ist es die Person, die schlägt, oder die Kultur?", fragte ein Mitarbeiter des Kinderschutzzentrums in Anbetracht eines (nigerianischen) Vaters, der seine Kinder schlug. Auf die Frage, warum er dies wissen wolle, antwortete der Mitarbeiter: „Wenn es die Person ist, weiß ich, was zu tun ist. Wenn es um die Kultur geht, bin ich etwas vorsichtiger." ◄

Es ist immer die Person, die denkt und handelt, und nicht die Kultur. Der Mensch steht allerdings mehr oder weniger stark unter dem Einfluss seiner Kulturen, sein Handeln wird aber nicht unausweichlich und ausschließlich von einer Kultur determiniert. Kulturen sind keine abstrakten, statischen, massiven Gegebenheiten, welche die Menschen wie Roboter programmieren und in ihrem Verhalten steuern. Der Mensch ist nicht einfach das Produkt seiner Kulturen, sondern ebenso ihr Produzent. Die Menschen selbst bringen die kulturellen Entwicklungen hervor, die ihr Denken, Handeln und Sprechen bestimmen. Menschen sind nicht nur Objekt, sondern auch Subjekt des kulturellen Zwangs, sie sind selbst die Träger der Kultur. Ein Kollektiv kann weitgehend die kulturelle Ausstattung einer Person bestimmen, aber jeder Mensch hat die grundlegende menschliche Fähigkeit, seine kulturellen Errungenschaften zu überdenken, zu bewerten, zu ändern und sich von ihnen zu distanzieren.

Da der Mensch auch Träger der Kultur ist, sind Kulturen im Verhalten und Denken der Personen und in den gegebenen Umständen konkret nachzuweisen. Wenn Menschen Argumente vorbringen, wie: „Das ist unsere Kultur", „Wir machen das so", dann kann man versuchen, diese Aussagen auf eine persönliche Ebene zu bringen und konkretisierend nachzufragen: „Was meinen Sie mit *unsere Kultur,* mit *wir?*", „Können Sie mir helfen zu verstehen, was Sie damit meinen?", „Was halten *Sie* davon?", „Was wollen Sie damit erreichen?", „Was finden Sie wichtig?".

3.5   Radikale Individualität

Auf der zwischenmenschlichen Ebene der Kommunikation gilt immer die „*radikale* Individualität" (Rathje 2009, S. 12). In einer Person tritt ihre Multikollektivität und Multikulturalität in Wechselwirkung mit ihren individuellen biologischen und biografischen Voraussetzungen zu einer fundamentalen, individuellen Verarbeitung des kulturellen Angebots. So kann man zwar aus den Kollektiven, der eine Person angehört, ableiten, mit welchen kulturellen Gewohnheiten, mit welchen Verhaltens-, Denk- und Sichtweisen sie vertraut sein kann, aber was ein Individuum daraus macht, welche Vorstellungen, Meinungen und Praktiken es für sich selbst daraus ableitet, übernimmt, ändert und hinter sich lässt, bleibt völlig offen.

Beispiel

„Möchten Sie Kaffee?", fragte der Personalchef die Job-Kandidatin (mit Kopftuch). „Nein, danke" antwortete die Dame. „Ach ja, gar nicht daran gedacht. Es ist Ramadan, die Fastenzeit; Sie dürfen nichts trinken, nicht wahr?", reagierte der Personalchef direkt. „Nein", lautete die Antwort, „ich trinke gern Tee, wenn Sie einen haben." ◄

Dieses Beispiel macht auch deutlich, dass Unterschiedlichkeiten in der Kommunikation nicht immer kultureller oder religiöser Natur sind. Sie können auch persönlich, sozial, politisch, juridisch, biologisch oder psychisch bedingt sein. Erst wenn ein bestimmtes Verhalten oder eine bestimmte Auffassung ihren Ursprung in den Gewohnheiten eines Kollektivs hat, ist von einem Kulturunterschied die Rede. Im zitierten Beispiel ist die Frage des Personalchefs wahrscheinlich Ausdruck einer kulturellen Gewohnheit in seiner Institution, bei Bewerbungsgesprächen Kaffee anzubieten. Die Job-Kandidatin äußert ihre persönliche Präferenz.

3.6 Eine Neudefinition von Kulturalität und Interkulturalität

Kultur ist die soziale Ordnung der Gewohnheiten eines Kollektivs. Diese Gewohnheiten sind homogen und heterogen: Sie enthalten Gemeinsamkeiten, aber auch Unterschiede und sogar Widersprüche. Der evidente Zusammenhalt einer Kultur ergibt sich nicht aus ihrer Homogenität, sondern aus der Normalität ihrer Differenzen – Normalität im Sinne von Bekanntheit und Vertrautheit. Das Definieren von Normalität ist die wirkungsvollste und tiefste Leistung einer Kultur und es ist diese Normalität, die auf ihre Art ebenso bindend und verbindlich wie soziale und politische Strukturen wirkt (Hansen 2000, S. 233). „Wir kennen (…) [die divergenten] Standpunkte, und wenn wir sie hören, wissen wir, dass wir zu Hause sind. (…) So viele es gibt und so divergierend sie sind, fügen sie sich dennoch in einen Rahmen des Üblichen" (Hansen 2000, S. 232).

Auf der Ebene der Wirtschaftsunternehmen gibt es bereits empirische Hinweise darauf, dass der Zusammenhalt von Unternehmenskulturen nicht notwendigerweise an Homogenität geknüpft ist, sondern eher an Normalitätserzeugung über Bekanntmachung von Differenzen (Rathje 2004).

Wenn Kulturalität als die Wirkung von Kultur vor allem durch Bekanntheit von Differenzen gekennzeichnet ist, zeichnet sich Interkulturalität demgegenüber durch Unbekanntheit bzw. durch Fremdheit von Differenzen aus. Interkulturelle Kommunikation ist dann die Interaktion, in der Personen eine Fremdheitserfahrung aufgrund mangelnder Bekanntheit und Vertrautheit der auftretenden Differenzen machen. Interkulturalität ist also kein Aufeinanderprallen von Kulturen (= Kulturalismus), sondern ein fehlender Link in der Interaktion zwischen Personen. Es ist eine Fremdheitserfahrung wegen unbekannter, nicht vertrauter Unterschiede. Die Beteiligten empfinden keine Normalität, sie teilen keine gemeinsamen Gewohnheiten. Es gibt (noch) keine soziale Ordnung, keine gemeinsame Kultur, keine gemeinsame Grundlage für weitere Kommunikation.

Interkulturelle Kompetenz ist dann die Einstellung, Fähigkeit und Kenntnis, um aus unbekannten Differenzen (welcher Art auch immer) Bekanntheit und Vertrautheit bzw. Normalität zu stiften und damit, je nach Handlungsziel der Interaktionspartner, eine Grundlage für weitere Kommunikation, Interaktion, Zusammenarbeit oder weiteres Zusammenleben zu schaffen.

Mit anderen Worten: Interkulturelle Kompetenz ist die Fähigkeit, die durch Fremdheit gekennzeichnete „flüchtige" Interkultur in Kultur umzuwandeln: Unbekannte Differenzen werden bekannte, vertraute Differenzen. So entsteht eine Kultur: Normalität und Verbindung (Rathje 2006).

Beispiel

Eine Streetworkerin erzählte von einem surinamischen Klienten, der sich im täglichen Leben viel mit Winti (eine afro-karibische Religion) beschäftigte. Anfänglich hatte sie damit große Mühe, da Winti komplett fremd für sie war und sie Winti seit jeher mit Geistern sowie mit zwielichtigen und beängstigenden Vorgängen assoziierte. Aus Engagement für den Jungen ergründete sie zuerst ihre Ängste und Zweifel und bemühte sich dann, diese zu überwinden, da sie sah, wie wichtig ihm Winti war. Sie erzählte ihm von ihren ersten Bedenken und bat den Jungen, ihr zu sagen, was Winti für ihn bedeutete. Dies stärkte die Vertrauensbasis mit dem Jungen. Gemeinsam konnten sie Winti einen Platz bei der weiteren Lösung seiner Problemsituation einräumen. ◀

Zwischenmenschliche Kommunikation und das TOPOI-Modell

4

Auch die Kommunikation mit jemandem mit einem anderen nationalen, ethnischen oder religiösen Hintergrund ist gewöhnliche zwischenmenschliche Kommunikation. Das TOPOI-Modell ist eine Hilfe in der Gesprächsführung, um auf Unterschiede vorbereitet zu sein und diese, wenn nötig, aufzuspüren und anzupacken.

4.1 Zirkularität der Kommunikation

Kommunikation ist ein zirkulärer Prozess (Watzlawick et al. 2003, S. 50 ff.). Es besteht immer ein gleichzeitiger Einfluss zwischen den beteiligten Parteien. Zum Beispiel übt man auch als Zuhörer über seine Körpersprache Einfluss aus: Man kann *nicht* nicht kommunizieren. Der zirkuläre Ansatz der Kommunikation bietet eine andere Sichtweise auf Kommunikationsstörungen als das linear-kausale Sender-Empfänger-Modell, bei dem es Ursache und Wirkung gibt mit dem Risiko, dass schnell über schuldig/Täter und unschuldig/Opfer gesprochen wird. In der Kommunikation als zirkulärer Prozess geht es um den Anteil: Jeder der Teilnehmer hat einen Anteil daran, wie die Kommunikation verläuft. Gesprächspartner sind gleichzeitig sowohl Ursache als auch Wirkung des Verhaltens des jeweils anderen.

In jeder Interaktion verdient der zirkuläre Charakter der Kommunikation Aufmerksamkeit. Wenn zum Beispiel die Kommunikation schwierig verläuft, hilft es – anstatt mit dem Finger direkt beschuldigend auf die andere Person zu zeigen –, sich selbst zu fragen: Was tue ich (was ist mein Anteil), dass die andere Person so tut?

© Der/die Herausgeber bzw. der/die Autor(en), exklusiv lizenziert durch Springer Fachmedien Wiesbaden GmbH, ein Teil von Springer Nature 2020
E. Hoffman, *Interkulturelle Gesprächsführung*, essentials,
https://doi.org/10.1007/978-3-658-30587-1_4

Abb. 4.1 Die Zirkularität
der Kommunikation

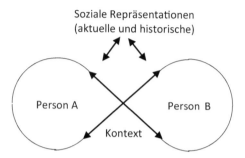

Neben dieser gegenseitigen, zwischenmenschlichen Beeinflussung werden die Gesprächspartner in ihrer Kommunikation von den aktuellen und historischen sozialen Repräsentationen (Moscovici 1981) beeinflusst (siehe Abb. 4.1). Diese sozialen Repräsentationen umfassen die historischen und aktuellen kollektiven Erfahrungen von Gruppen (Rassismus, Sklaverei, Krieg, Kolonisation, Naturkatastrophen, politische Systeme) sowie die aktuell vorherrschenden Bilder, Auffassungen, (Vor-)Urteile, Bedeutungen, Werte und Normen im sozialen Kontext der Beteiligten. Diese sozialen Repräsentationen beeinflussen – meist unbewusst – die zwischenmenschliche Kommunikation.

Ein Beispiel für eine derzeit vorherrschende soziale Repräsentation ist die öffentliche Meinung in Bezug auf die Integration von Ausländern: Es gibt zum Beispiel die Ansicht „Ausländer müssen sich anpassen". Aufgrund des oft unbewussten Einflusses dieser sozialen Repräsentation kann die Verwendung des Wortes „anpassen" in einem Gespräch mit jemandem mit Migrationshintergrund unerwartet negative Auswirkungen haben.

Beispiel

Ein Hauswart einer Fachhochschule in den Niederlanden sprach mit einem (surinamischen) Studenten, weil er an einem Ort rauchte, an dem es nicht erlaubt war. Der Student stotterte etwas dagegen, da sagte der Hauswart zu ihm: „Du musst Dich so wie alle anderen anpassen." Der Student reagierte wütend.

In einem Folgegespräch sagte der Hausmeister, er hatte gemeint: Der Student muss sich wie alle anderen Studierenden anpassen. Der Student hatte jedoch die Worte im Sinne von „Sie Surinamer müssen sich wie alle anderen Ausländer anpassen" aufgegriffen. Die Bemerkung des Hausmeisters fühlte sich auch für den Studenten besonders schmerzhaft an aufgrund der

Sklavenhaltung während der Kolonialzeit der Niederlande in Suriname. In diesem Zusammenhang sah er den Hausmeister als „weißer Holländer", der ihn als „schwarzer Surinamer" zur Ordnung rief. ◄

Es geht nicht darum, wer schuld ist, sondern um den Anteil aller: Sowohl der Hauswart als auch der Student wurden von den aktuellen (die vorherrschende Meinungsbildung zur Anpassung von Migranten) und historischen (Geschichte der Sklaverei in den Kolonialstaaten) sozialen Repräsentationen beeinflusst: der Student, weil er die Worte des Hauswarts in eine bestimmte Richtung interpretierte, und der Hauswart wegen seiner Wortwahl. Das Beispiel macht deutlich: Menschen sind – wegen des oft nicht bewussten Einflusses sozialer Repräsentationen – nicht so frei in dem, was sie sagen, und nicht so frei in dem, was sie von anderen verstehen.

4.2 Vorurteile

Niemand kann sich dem Einfluss sozialer Repräsentationen entziehen. Aus hierarchischer Sicht kann das Individuum nicht über das Soziale gestellt werden. Da man sich nicht der mächtigen Wirkung sozialer Repräsentationen entziehen kann, kommt es in der Kommunikation immer wieder zu unbeabsichtigten Vorurteilen, verletzenden Aussagen und Fehlinterpretationen. Wenn man dies erkennt, kann man auf diese mächtige Wirkung in der Kommunikation achten – sowohl im Sprechen als auch im Verstehen des anderen. Aber man kann auch sich selbst und anderen eine gewisse Milde entgegenbringen, um Vorurteilen und scheinbarem Rassismus entgegenzuwirken. Der Friedensnobelpreisträger, Erzbischof Desmond Tutu erzählt von der starken Wirkung sozialer Repräsentationen und von der Milde und ihrer Bedeutung für den Versöhnungsprozess nach dem Ende des Apartheidregimes in Südafrika. Er war Vorsitzender der Wahrheits- und Versöhnungskommission, die einen erfolgreichen Versöhnungsprozess in ganz Südafrika in Gang setzte, um eine gemeinsame Zukunft für Schwarz und Weiß zu schaffen.

Beispiel

Desmond Tutu:

„Bei meinem ersten Besuch in Nigeria saß ich bei einem Flug in den Norden des Landes zufällig in einem Flugzeug, das von nigerianischen Piloten geflogen wurde.

Da ich in Südafrika nie erlebt hatte, dass Schwarze so etwas machten, wuchs ich gleichsam vor Stolz gleich um einige Zentimeter. Die Maschine startete sanft, doch plötzlich gerieten wir in Turbulenzen. Das Flugzeug stürzte von einem Luftloch ins nächste, und unsere Mägen spielten verrückt. Ich war schockiert von dem, was ich nun entdeckte – ich hörte mich zu mir selbst sagen: ‚Ich mache mir doch Sorgen, dass kein Weißer im Cockpit sitzt. Ob uns diese Schwarzen aus so einer schwierigen Situation wohl heil rausbringen können?' Das geschah ganz unwillkürlich und spontan. Ich hätte nie geglaubt, dass ich tatsächlich schon eine derartige Gehirnwäsche durchgemacht hatte. Ich hätte natürlich vehement bestritten, so etwas zu denken, weil ich stolz darauf war, mich als Vertreter des schwarzen Selbstbewusstseins zu verstehen. Aber in dieser Krisensituation war mir etwas Tieferes deutlich geworden: Ich hatte eine grundlegende weiße Annahme verinnerlicht: dass Weiße doch irgendwie überlegen und kompetenter sind als Schwarze. Natürlich waren die schwarzen Piloten in der Lage, das Flugzeug kompetent zu landen. Wir sollten die Macht von Konditionierungen (soziale Repräsentationen, E.H.) nicht unterschätzen. Deshalb bin ich auch der Meinung, dass wir bei der Beurteilung von Menschenrechtsverletzern ein bisschen großzügiger, ein bisschen verständnisvoller sein sollten. Was aber keineswegs bedeutet, über die Verbrechen hinwegzusehen, die sie begangen haben oder die im Namen der weißen Gesellschaft in Südafrika erlaubt waren" (Hartkemeyer und Hartkemeyer 2005, S. 305 f.). ◄

4.3   Das TOPOI-Modell

Auf der Grundlage einer Bearbeitung der fünf Axiome von Watzlawick et al. (2003, S. 50 ff.) wurde das TOPOI-Modell (ursprünglich auf Niederländisch) entwickelt (Hoffman 2015). Es bietet eine Hilfe, auf Unterschiede vorbereitet zu sein und diese, wenn nötig, in der Gesprächsführung aufzuspüren und anzupacken.

Das TOPOI-Modell unterscheidet und nützt fünf Kommunikationsbereiche, in denen Unterschiede und Missverständnisse zur Geltung kommen, nämlich Sprache, Sichtweise, Personen, Organisation und Wollen. Die Reihenfolge TOPOI bildet das Akronym aus den Anfangsbuchstaben der niederländischen Wörter *Taal* (Sprache), *Ordening* (Sichtweise), *Personen* (Personen), *Organisatie* (Organisation) und *Inzet* (Wollen[1]), das auf Griechisch *Orte* bedeutet. Der Name des Modells weist also auf die mit diesen Begriffen bezeichneten (Fund-)Orte

---

[1]Das niederländische Wort Inzet bedeutet wörtlich Einsatz und lässt sich im Deutschen in den meisten Fällen sinngemäß mit *Wollen* wiedergeben. Das Wollen wird hier als interne Kategorie verstanden, die nicht sichtbare Innenseite der Menschen: ihre Beweggründe, Absichten, Interessen und Wünsche (Appell) – und darunter Emotionen, Bedürfnisse und Werte.

oder Bereiche in der Kommunikation hin, wo Unterschiede und Missverständnisse aufgedeckt werden können. Mit Ausnahme des Bereichs Organisation sind die Bereiche den Axiomen von Watzlawick et al. (2003, S. 50 ff.) entnommen:

- **Sprache** umfasst die verbale und nonverbale Sprache.
- **Sichtweise** ist der Inhaltsaspekt der Kommunikation. Es geht hier um die Sichtweise der Beteiligten auf die Fragen, um die es im Gespräch geht.
- **Personen** ist die Beziehungsebene in der Kommunikation und betrifft die Identitäten der Gesprächspartner und die gegenseitige Beziehung.
- **Organisation** ist der organisatorische und gesellschaftliche Kontext, in dem die Kommunikation stattfindet.
- **Wollen** betrifft die Motive, Bedürfnisse, Wünsche (der Appell) und Werte der Beteiligten.

Die fünf Bereiche von TOPOI sind eine Konkretisierung von kulturellen und anderen Aspekten, die zu Missverständnissen in der Kommunikation führen können. Sie helfen Praktikern, sich auf Unterschiede, die in der Kommunikation auftreten können, einzustellen. In der Praxis sind die Bereiche nicht voneinander zu trennen: Sie sind eng miteinander verflochten. Wenn beispielsweise in einer Verhandlung die Teilnehmer im Bereich Sprache dem Begriff „Deadline" unterschiedliche Bedeutungen geben, kann dies zu einem Missverständnis im Bereich Sichtweise im Hinblick auf die Frage der „rechtzeitigen Lieferung" führen. Im Bereich Personen kann dieser Unterschied in der Sichtweise negative Auswirkungen auf das gegenseitige Vertrauen und die kooperative Beziehung haben und zu praktischen Problemen im Bereich Organisation führen, obwohl die Absichten aller im Bereich Wollen gut sind. Eine Intervention im Bereich Sprache allein (Klärung des Begriffs „Deadline") wird sich also positiv auf die anderen vier TOPOI-Bereiche auswirken.

Die fünf Kommunikationsbereiche wurden unterschiedlich bewusst voneinander abgegrenzt, um sie klar erkennbar zu machen und ein breites Spektrum an Analyse- und Interventionsmöglichkeiten zu entwickeln.

Jeder der fünf Bereiche des TOPOI-Modells wird von sozialen Repräsentationen beeinflusst. Es ist wichtig, sich dieses Einflusses auf die Kommunikation bewusst zu sein. In einer Situation, in der ein Praktiker sich über einen Mann ärgert, der für seine Frau spricht, kann die vorherrschende soziale Repräsentation „Frauen können für sich selbst sprechen", die Kommunikation beeinflussen. Praktiker sind sich dieser sozialen Repräsentationen selten bewusst, weil sie sie für selbstverständlich halten. Die Nichtanerkennung des Einflusses

Abb. 4.2 Die TOPOI-
Lupe

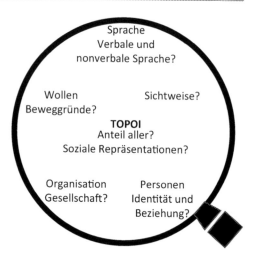

sozialer Repräsentationen führt zu einem Streit im TOPOI-Bereich Personen: zu Missverständnissen und Konflikten auf persönlicher, relationaler Ebene (siehe Beispiel des Studenten und des Hausmeisters).

4.4   Die Wirkung des TOPOI-Modells

Das Ziel des TOPOI-Modells ist es, eine Sensibilität für die fünf TOPOI-Bereiche in der Kommunikation zu entwickeln, die das Auftreten von Differenzen und Missverständnissen beeinflussen. Darüber hinaus enthält das Modell Reflexions-fragen, die – im Falle von Kommunikationsstörungen – helfen, Hypothesen über die möglichen Ursachen zu formulieren. Je mehr Hypothesen man aufstellen kann, desto mehr Möglichkeiten gibt es, die Kommunikation offen zu halten. Die Anwendung des TOPOI-Modells erfordert nicht, dass jeder TOPOI-Bereich abgedeckt wird. Eine Reflexion und Intervention in einem Bereich kann aus-reichen, um die Kommunikation zu öffnen (siehe Beispiel „Deadline"). Es geht auch nicht darum, sich akribisch an die genaue Einteilung und Bedeutung der fünf TOPOI-Bereiche zu halten, sondern viele Ideen über mögliche Unterschiede und Missverständnisse zu erhalten.

Das TOPOI-Modell kann wie eine Lupe verwendet werden (siehe Abb. 4.2), mit der man – wenn die Kommunikation mit einer Person mühsam ist – in das Gespräch hineinzoomt und reflektiert oder meta-kommuniziert: Gibt es vielleicht eine Störung durch die Sprache (verbal, nonverbal) oder einen Unterschied in den Sichtweisen; ist auf der Beziehungsebene etwas los (Personen); spielen organisatorische, gesellschaftliche Aspekte eine Rolle (Organisation) oder werden die zugrunde liegenden Motive, Emotionen oder Werte (Wollen) der Gesprächspartner nicht gegenseitig beachtet und anerkannt?

Angesichts des zirkulären Charakters der Kommunikation sind folgende Fragen in jedem Bereich wichtig:

- Was ist *mein Anteil,* dass die andere Person so handelt?
- Was ist *der Anteil der anderen Person,* dass ich so handle?
- Was ist *der Einfluss der sozialen Repräsentationen,* der mich und die andere Person so handeln lässt?

Man kann im Anschluss an die Reflexion allgemeine kommunikative Interventionen wie aktives Zuhören, Aufklärung, Anerkennung, Feedback und Metakommunikation einsetzen (siehe Kap. 6 Gesprächsstrategien).

Ausgehend von einer allgemeinen Kommunikationstheorie (Watzlawick et al. 2003) wird die „interkulturelle" Kommunikation dekulturalisiert und normalisiert: Schließlich handelt es sich auch dabei um gewöhnliche zwischenmenschliche Kommunikation.

Das TOPOI-Modell eignet sich daher für die Reflexion jeder Art von Kommunikation, auch mit jemandem aus der eigenen Gruppe.

4.5 Die Anwendung der TOPOI-Lupe auf eine Praxissituation aus den Niederlanden

Beispiel

Besuch im Krankenhaus

Während der Besuchszeit in einem Krankenhaus sind pro Patient maximal vier Besucher gestattet. Zu einer surinamisch-kreolischen Patientin kommen regelmäßig mehr als vier Besucher. Das Personal sieht anfangs geduldig darüber hinweg. Eigentlich wissen sie sich keinen Rat in dieser Situation. „So sind sie nun einmal", sagen sie, „das gehört offenbar zu ihrer Kultur." Eines Tages gibt es aber neun Besucher, also mehr als doppelt so viele wie erlaubt. Die Stationsschwester beschließt, dass sie nun einschreiten muss. Sie kommt ins Zimmer und sagt: „So geht es nicht! Es sind viel zu viele Besucher bei Ihnen! Es dürfen nur vier Personen zu einem Patienten! Fünf müssen hinaus, dann können Sie später abwechseln." Als darauf nicht gleich reagiert wird, legt sie noch einmal nach. Unter anderem sagt sie: „Sie müssen sich wie alle anderen an die Regeln halten!" Das gibt einem der jüngsten Besucher Anlass zu der zornigen Bemerkung: „Sicher, weil wir schwarz sind, nicht? Ständig werden wir diskriminiert!" Die Stationsschwester ist entsetzt und zugleich irritiert. Aber in der gegebenen Situation weiß sie nicht, wie sie sich verhalten soll. Es war absolut nicht ihre Absicht, diskriminierend zu wirken, aber sie fand, dass die Regeln eingehalten werden müssen. Die Patientin, die sich gut mit dem Pflegepersonal versteht, rettet dann die Situation, indem sie den Jungen, der die Bemerkung gemacht hatte, zurechtweist und selbst einige Besucher auf den Krankenhausflur schickt. Der Junge, der die Bemerkung gemacht hatte, scheint ihr Enkel zu sein. Am Ende der Besuchszeit geht er zu der Stationsschwester und bittet sie um Entschuldigung.

Um die Wirkungsweise des TOPOI-Modells deutlich darzustellen, wird die Analyse in der Reihenfolge der fünf TOPOI-Bereiche durchgeführt. Aber, wie bereits erwähnt, es müssen zum einen nicht alle Bereiche diskutiert werden, und zum anderen muss man sich nicht an die genaue Anordnung und Bedeutung der fünf TOPOI-Bereiche halten. Man kann die Analyse und Intervention in jedem einzelnen Bereich beginnen.

Analyse

Im Bereich **Sprache** gibt es möglicherweise ein Missverständnis, da die Worte der Stationsschwester *„Sie müssen sich wie alle anderen an die Regeln halten"* von der Patientin und ihrem Besuch aufgefasst werden als „Ihr *Surinamer* müsst euch wie alle anderen *Ausländer* an die Regeln halten!". Diese Interpretation entsteht wahrscheinlich unter dem Einfluss der vorherrschenden sozialen Repräsentation in der Gesellschaft „Immigranten müssen sich anpassen und an die Regeln halten". Dass die Stationsschwester die Worte *„Sie müssen sich wie alle anderen ..."* wählt, kann ebenfalls dem Einfluss der angeführten sozialen Repräsentation zugeschrieben werden. Einheimischen Besuchern gegenüber hätte sie vielleicht gesagt: „Sie müssen sich an die Besuchsregeln halten."

Es geht hier – wie schon ausgeführt – nicht um die Einteilung in gut oder böse, nicht um schuldig oder unschuldig, vielmehr um das Bewusstsein, dass Menschen nicht gänzlich frei sind in dem, was sie sagen und was sie von einander verstehen, sondern dass sie mit dem Einfluss sozialer Repräsentationen und ihrer oft negativen Wirkung auf die interpersonale Ebene rechnen müssen.

Der Einfluss sozialer Repräsentationen, historisch (die Sklaverei in den damaligen niederländischen Kolonien) und aktuell („Weiße Niederländer diskriminieren"), scheint auch im Vorwurf des Enkels der Patientin mitzuschwingen. Wo Einheimische andere Ausdrücke wählen würden, greifen Migranten oft schnell zum Wort Diskriminierung, um auszudrücken, dass sie sich ungerecht behandelt fühlen. Frühere Diskriminierungserfahrungen und eine Opferrolle können ebenfalls Gründe für den schnellen Vorwurf von Diskriminierung sein.

Dass die Stationsschwester sich durch diesen Vorwurf derart getroffen fühlt, liegt wahrscheinlich darin begründet, dass sie nur das Beste für die Patienten will. Möglicherweise fühlt sie zusätzlich den Druck der herrschenden Norm (ebenfalls eine soziale Repräsentation), dass man nicht diskriminieren darf.

Intervention: Als Intervention kann sich die Stationsschwester diese sozialen Repräsentationen und den Einfluss, der von ihnen ausgeht, bewusst machen. Sie kann in aller Ruhe und Klarheit sagen, dass in ihrer Abteilung nicht diskriminiert wird, dass sie begreift, dass der Enkel sich verletzt fühlt, und dass sie gern wissen möchte, wodurch er sich diskriminiert fühlt. Die Stationsschwester arbeitet auf diese Weise mit den Effekten ihrer Kommunikation. Durch ihre offenen Fragen „Wodurch fühlst Du Dich diskriminiert?" oder „Was habe ich gemacht, dass Du das als Diskriminierung empfindest?" bekommt sie konkrete Anhaltspunkte als Antwort, auf die sie weiter eingehen kann. Eventuell kann sie noch, wenn sich die Emotionen gelegt haben und die angesprochenen Punkte geklärt wurden, deutlich sagen, dass sie für Beschwerden jederzeit offen ist, den Vorwurf der Diskriminierung aber nicht hören will. Die letzte Intervention ist die Feststellung eines Beziehungsrahmens: „So gehen wir (respektvoll) miteinander um."

Im Bereich **Sichtweise** kann man heraushören, dass das Personal die Überschreitung der zugelassenen Besucherzahl als kulturelles Problem einordnet: *„Das gehört offenbar zu ihrer Kultur."* Durch diese Einordnung weiß das Personal – möglicherweise unter dem Einfluss der sozialen Repräsentation „Andere Kulturen muss man respektieren" sich keinen Rat, wie es reagieren soll. Ein anderer möglicher Aspekt in diesem Bereich ist die unterschiedliche Sichtweise von Besucher und Stationsschwester in Bezug auf Krankenbesuche. Die Sichtweise der Besucher könnte sein, dass man, wenn ein Familienmitglied im Krankenhaus liegt, dieses möglichst zahlreich besuchen sollte. Die Sichtweise der Krankenschwester ist wahrscheinlich: wenige Besucher im Interesse des Heilungsprozesses der Patientin und der anderen Patienten.

Intervention: Statt einer kulturellen Interpretation kann das Krankenhauspersonal die Sache – wie üblich – als Problem der Einhaltung der Besuchsregeln sehen. Eine solche Einordnung macht die Angelegenheit leichter diskutierbar. Das Personal kann dann die Patientin fragen, warum regelmäßig mehr Besucher kommen als erlaubt. In einem Gespräch mit der Patientin und den Besuchern kann das Personal das Gemeinsame benennen: Personal und Besucher wollen beide das Beste für die Patientin und ihre Mitpatientinnen im Zimmer. Die gemeinsamen Belange sind der Ausgangspunkt für weitere Maßnahmen zur Besuchsregelung.

Was den Bereich **Personen** betrifft, scheint das Personal die Patientin und ihre Besuche in erster Linie als Surinamer zu sehen, und wagt nicht, sie anzusprechen in der Meinung, deren Verhalten sei kulturell bestimmt und dafür müsse man Respekt aufbringen. Durch die Wortwahl der Stationsschwester *„Sie müssen sich wie alle anderen an die Regeln halten"* und unter dem Einfluss der oben genannten sozialen Repräsentation fühlt sich der Enkel als „schwarzer Surinamer" und nicht als Besucher angesprochen. Die Stationsschwester sieht er nicht in ihrer Funktion als Stationsschwester, sondern als „weiße Niederländerin", die diskriminiert.

Intervention: Eine wichtige Intervention besteht darin, dass die Pflegekräfte miteinander diskutieren, welchen Druck sie durch die vorherrschenden sozialen Repräsentationen – „andere Kulturen respektieren"; „nicht diskriminieren" – erfahren und wie sie anders damit umgehen könnten. Sie können zum Beispiel zu dem Schluss kommen, dass Respekt und Nichtdiskriminierung durch eine inklusive Herangehensweise erreicht werden können, wobei sie – wie bei einheimischen Besuchern, wenn diese eine Regel übertreten – auch die Menschen anderer Herkunft als *Besucher* betrachten und Angelegenheiten mit ihnen diskutieren. Wahrscheinlich hat die Patientin ihren Enkel zur Einsicht gebracht, dass die Stationsschwester die Absicht hatte, ihn als Besucher anzusprechen und nicht als schwarzen Surinamer.

Im Bereich **Organisation** schafft das Personal Unklarheit, indem es manchmal mehr Besucher duldet. Ferner kennen die Besucher das Reglement vielleicht nicht. In jedem Fall halten sie sich nicht an die Regeln. *Intervention:* Das Personal kann nachfragen, warum die Patientin mehr Besucher als erlaubt empfängt, die Regeln und Gründe (nochmals) erklären, und diese konsequent durchsetzen.

Es kann ein Raum eingerichtet werden, wo Patienten, soweit der Gesundheitszustand es zulässt, mehr Besucher empfangen können. Dieser Raum steht dann, in einer inklusiven Herangehensweise allen Patienten und ihren Besucher zur Verfügung. Dieses Letzte ist eine Form von Diversitätsmanagement (Interkulturelle Öffnung).

Im Bereich **Wollen** zeigen sowohl das Personal wie auch die Patientin und ihre Besucher viel positives Wollen. Das Personal zeigt sich verständnisvoll, tolerant (*„So sind sie nun einmal"… „das gehört offenbar zu ihrer Kultur."*) und schützend (nicht zu viele Besucher). Seine Absichten sind gut, aber die Effekte führen zu Missverständnissen über die erlaubte Besucherzahl. Auch die Besucher zeigen viel Einsatz, sie kommen allesamt aus Anteilnahme für die Patientin. Auch hier stimmen die Effekte (zu viel Wirbel für die Patienten) eher nicht mit den Absichten überein.

Intervention: Aufrichtige Anerkennung des Wollens der Besucher. Dies geschieht durch aufrechtes Lob, dass sie mit so vielen gekommen sind und so viel Interesse an der Patientin zeigen. Nach dieser Anerkennung kann das Personal, so wie oben in den Bereichen Sichtweise und Organisation angeführt, die Frage der Besucherzahl zur Diskussion stellen und die eigenen Absichten, das Wohlergehen der Patientin und eventuell der anwesenden Mitpatienten – zur Sprache bringen. Auch der Besuch und die Patientin können das Wollen des Personals anerkennen. Vielleicht hat die Patientin, als Großmutter, auch gegenüber ihrem Enkel und den anderen Besuchern dies getan, wenn man die Tatsache bedenkt, dass der Enkel sich bei der Stationsschwester entschuldigt.

Die TOPOI-Bereiche

5

Dieses Kapitel enthält eine kurze Erläuterung zu jedem TOPOI-Bereich. Für eine detaillierte Beschreibung der einzelnen Bereiche mit vielen Beispielen siehe Hoffman (Hoffman 2015).

5.1 Der Bereich Sprache

Der TOPOI-Bereich Sprache betrifft die verbale und nonverbale Sprache, mit der sich Menschen ausdrücken. Sprache ist das Kommunikationsmittel, mit der Menschen und Gruppen ihre Identität, wer sie sind und ihre Bedeutung für die soziale und physische Wirklichkeit zum Ausdruck bringen. In der Sprache – Vokabular, Sprachgebrauch und Körpersprache – von Einzelpersonen oder Gruppen erkennt man ihr Wissen, ihre Sichtweisen und Werte. Auf der Grundlage ihrer Annahmen äußern sich Menschen in einer bestimmten Weise und interpretieren den Sprachgebrauch anderer Menschen. Bei der Kommunikation mit jemandem, der nicht die gleichen Annahmen teilt, ist es schwierig festzustellen, was die andere Person zu sagen hat und wie die andere Person die Nachrichten aufnehmen wird. Erfolgreiche Kommunikation hat eine größere Erfolgschance, wenn die Gesprächsteilnehmer die gleichen Annahmen bezüglich der Art und Weise, wie die Absichten aller ausgedrückt werden, und der Interpretation der Botschaften aller Beteiligten teilen.

Die eigene Sprache ist tief mit Selbstwertgefühl und Emotionen verbunden. In ihrer eigenen Sprache drücken die Menschen ihre Gefühle und Sorgen bestmöglich aus. Darüber hinaus fallen viele Menschen auf ihre Muttersprache zurück, wenn sie emotional, krank oder alt sind. Deshalb ist es wichtig, das Sprechen in der eigenen Muttersprache zu erlauben und manchmal sogar zu fördern, um

z. B. Familienmitgliedern Sachverhalte zu erklären. Oder um jemanden, der Schwierigkeiten hat, sich in der Fremdsprache (z. B. Deutsch) auszudrücken, zu fragen, wie er es in der eigenen Sprache sagen würde. Danach kann es für diese Person leichter sein, sich in der Fremdsprache zu artikulieren.

Im deutschsprachigen Raum können Menschen, für die Deutsch eine Fremdsprache ist, aufgrund mangelnder Kenntnis der geltenden Höflichkeitsregeln (z. B. das Zauberwort „Bitte") oder unter dem Einfluss ihrer Muttersprache, unhöflich wirken, z. B. wenn sie sagen: „Sie müssen mir helfen."

Kontextuelle Hinweise sind alle verbalen und nonverbalen Sprachhandlungen während des Gesprächs, die zur Bestimmung und Interpretation des Genres der Sprachhandlung herangezogen werden können. Ein Beispiel für eine kontextuelle Angabe ist der Sprachakt „Wie geht's Ihnen?", mit dem das Genre als Begrüßung bestimmt werden kann. Die für jedes Genre charakteristischen Sprachakte werden auch als Skripte bezeichnet. Die Gesprächsteilnehmer können Skripte auf unterschiedliche Weise verstehen und ausführen. Fehlkommunikation entsteht dann durch verschiedene Annahmen und Interpretationen der Gesprächspartner in Bezug auf die laufende Kommunikation. Beispiele sind die Begrüßungen „Guten Tag, wie geht es Ihnen?" von einem Tankwart an einer Tankstelle und „Hallo, Freund" von einem Arbeitssuchenden zu einem Arbeitgeber, bei denen die Beteiligten unterschiedliche Skripte für das gleiche Genre des „Begrüßens" gewöhnt sind.

Auch wenn die Gesprächspartner die gleichen Worte sprechen, ist es wichtig, auf die Bedeutung, die Konnotation, die der andere Mensch den Worten gibt, zu achten und diese gegebenenfalls zu erforschen. Wörter und Ausdrücke haben für jeden Menschen eine eigene Bedeutung, je nach seiner Sozialisation. Zum Beispiel „Deadline": Ist das „ein festes Datum, das überhaupt nicht überschritten werden darf" oder „ein vorläufig festgelegtes Datum, das um einige Tage oder sogar Wochen überschritten werden kann"?

Ein weiterer Unterschied, der in Bezug auf die verbale Sprache noch auftreten kann, betrifft die Angemessenheit des Sprachgebrauchs: wie man jemanden anspricht, lobt, eine Anfrage stellt, Feedback gibt; Themen, über die man nicht spricht; Interaktionsregeln (Beginn und Ende eines Gesprächs und Wechsel im Redeanteil); der Erzählstil (narrativ, sachlich, induktiv – zuerst die Nebensächlichkeiten und dann die Hauptthemen – oder umgekehrt: deduktiv). Des Weiteren ein niedriger Kontext und expliziter, direkter Stil, z. B. „Es gibt eine Reihe von Fehlern und falschen Annahmen in diesem Bericht.", oder ein hoher Kontext, impliziter, indirekter Stil: „Es könnte sein, dass die Leser einige Ihrer Annahmen in diesem Bericht in Frage stellen könnten."

Ein häufig erwähntes Problem ist die Ja-Antwort auf die Frage, ob etwas verstanden wurde oder getan wird, und dann stellt sich heraus, dass die Person es nicht verstanden hat oder nicht getan hat. Das „Ja" kann dann eigentlich eine unausgesprochene Antwort auf der Beziehungsebene sein: „Ich will Sie nicht enttäuschen, dass ich es nicht verstanden habe", „Ich finde es schwierig zuzugeben, dass ich es nicht verstanden habe oder nicht tun werde". Es hat sich bewährt, offene Fragen zu stellen: „Was werden Sie jetzt tun?", „Was ist das Wichtigste, das ich Ihnen erklärt habe?", ebenso wie die Körpersprache Aufmerksamkeit zu schenken: „Sie sagen Ja, aber wenn ich Ihren Gesichtsausdruck sehe, habe ich den Eindruck, dass Sie noch nicht alles verstehen. Stimmt das und welche Fragen haben Sie noch?"

Nachfolgend Formen der nonverbalen Sprache, die zu Bedeutungsunterschieden führen können:

- Kinetik: Gesten, Gesichtsausdruck, Wegschauen oder Anschauen während eines Gesprächs, Lachen, Grüße, Haltung und andere Körperbewegungen.
- Paralinguistik oder Prosodie: Aussprache von Wörtern, Betonung, Umgang mit Stille, Tonhöhe, Rhythmus, Intonation, Melodie, Stärke der Stimme.
- Haptik: verschiedene Berührungsformen.
- Proxemik: wie nahe man bei jemandem während eines Gesprächs steht oder sitzt.
- Chronemie: Umgang mit der Zeit.
- Olfaktorik: Gerüche.
- Artefakte: Kleidung, Schmuck, Attribute, die Einrichtung des Raumes.

Es geht nicht darum, alle Unterschiede zu kennen, sondern sich bewusst zu sein, dass diese Unterschiede existieren. In der Kommunikation können Praktiker dann auf diese Unterschiede vorbereitet sein, sie nicht im Voraus negativ interpretieren und gegebenenfalls allgemeine kommunikative Interventionen nutzen, um diese Unterschiede zu klären (siehe Kap. 6).

5.2   Der Bereich Sichtweise

Die Sichtweise hat mit Wahrnehmung zu tun, sie ist die Brille, durch die die Menschen die Wirklichkeit betrachten. Jeder interpretiert die Realität auf seine Weise. Jeder hat seine eigene Logik, seine eigene Lesart der Wirklichkeit, weil Menschen unterschiedlich sozialisiert sind, unterschiedliche (Macht-)Positionen einnehmen und eigene Erfahrungen machen.

Eine Sozialarbeiterin machte einer Mutter den Vorwurf, ihr Kind nicht im Auge zu behalten. Sie sagte: „Ihr Kind spielt draußen und Sie wissen nicht, wo es ist. So kann es nicht sein." Die Mutter, die aus einem Kriegsgebiet geflohen war, hatte jedoch eine ganz andere Sichtweise. Sie antwortete: „Aber es ist doch sicher draußen. Es wird nicht geschossen." ◄

Jede Sichtweise auf die Realität kann man als eine Möglichkeit und nicht als *die* Wahrheit sehen. Das ist schwierig wegen der „… im Innern von Menschen verwurzelten und meist unerschütterlichen Überzeugung, dass es nur eine Wirklichkeit gibt, nämlich die Welt, wie ich sie sehe, und dass jede Wirklichkeitsauffassung, die von der meinen abweicht, ein Beweis für die Irrationalität des Betreffenden oder seine böswillige Verdrehung der Tatsachen sein muss." (Watzlawick et al. 2003, S. 93).

Differenzen sind nicht ein Kampf um Wahrheit, sondern Unterschiede in Denkweisen, Wissen und Kontext. Wenn sich die Standpunkte in einem Konflikt verhärten, hilft es, die Wahrheit des anderen nicht weiter infrage zu stellen, nicht mehr für seine eigene Wahrheit zu kämpfen, sondern die Unterschiede anzuerkennen und so zu lassen, wie sie sind, und nach dem Gemeinsamen zu suchen. Zum Beispiel: „Wir wollen beide das Beste für Ihr Kind", „Wir beide leiden unter diesem Konflikt".

Viele der Sichtweisen von Praktikern sind durch die Ideen, Ideale und die Berufsausbildung bestimmter – z. B. westlicher, bürgerlicher, männlicher, christlicher – Kollektive geprägt. Interkulturelle Gesprächsführung erfordert eine offene Haltung: die Bereitschaft, zuzuhören und vor allem in unterstützender Weise Fragen zu anderen Meinungen, Gewohnheiten, Werten und Normen zu stellen. Sie erfordert auch das Bewusstsein, dass die eigene Sicht des Lebens nur eine von vielen ist. Auf den Punkt gebracht, es gibt mehrere Möglichkeiten, die Realität zu betrachten. Praktiker rufen dann nicht nur den anderen Menschen dialogisch zur Rechenschaft, sondern sie erklären sich auch selbst und erlauben es dem anderen, sie in Bezug auf ihre Werte, Normen und Meinungen zur Rechenschaft zu ziehen. Sie sind bereit, über ihre eigenen Bezugsrahmen zu reflektieren: über das eigene Menschen- und Weltbild, über die Ansichten, Werte und Normen, aus denen heraus sie denken, fühlen und handeln.

5.3   Der Bereich Personen

Der Bereich Personen ist die Beziehungsebene in der Kommunikation. Neben den inhaltlichen Botschaften übermitteln Gesprächspartner – meistens unbewusst – immer gleichzeitig mehrere relationale Botschaften: So sehe ich mich selbst, so sehe ich dich und so sehe ich unsere Beziehung.

Unterschiede und Missverständnisse in der Kommunikation haben einen direkten, oft negativen Einfluss auf die Ebene der Beziehung. Wenn ein Mann – in der Zeit vor der Corona-Krise – bei einer Begrüßung die ausgestreckte Hand einer Frau nicht annahm, könnte sich die Frau sofort respektlos behandelt und verletzt fühlen, obwohl es nicht so gemeint war, weil er es gewohnt ist, Frauen auf eine andere Art und Weise zu begrüßen.

Ein weiterer wichtiger Punkt im Bereich Personen ist das mehrfache Hinsehen. Dies steht im Gegensatz zum einfachen Hinsehen, wo nur einzelne Gruppenmerkmale des Betroffenen wahrgenommen werden. Dieses einfache Hinsehen bedeutet die Reduktion einer Person auf nur einzelne ihrer vielen sozialen Identitäten. Der folgende Vorfall ist ein Beispiel von einfachem Hinsehen ausschließlich auf die Religion (Islam) und die (marokkanische) Herkunft eines Mannes.

Beispiel

Ein Mann war aufgrund seines Glaubens der Meinung, seine Tochter dürfe nicht am Schwimmunterricht teilnehmen, da dieser in einer gemischten Gruppe stattfindet. Die Schulleitung versuchte, mit dem Mann zu diskutieren, und bemühte sich vergeblich, ihn davon zu überzeugen, seine Tochter am Schwimmunterricht teilnehmen zu lassen. Auch ein Imam, den die Schule um Hilfe bat, versuchte, den Mann zu überzeugen, dass seine Tochter nicht dem Islam zuwiderhandelt, selbst wenn sie in einer Gruppe von Mädchen und Jungen zusammen am Schwimmunterricht teilnimmt. Der Konflikt eskalierte so, dass der Mann die Tochter zu Hause behielt. Damit verstieß er gegen die Schulpflicht, und es kam zu einer gerichtlichen Klage. Bei der Verhandlung wurde ein Video vorgeführt, das im Herkunftsland des Mannes aufgenommen worden war. Darauf war zu sehen, wie Jungen und Mädchen im Alter der Tochter miteinander Sport treiben und schwimmen. Nach der Vorführung fragte der Richter den Mann, welche Bedenken er noch haben könne, wenn doch auch in seinem eigenen Herkunftsland Jugendliche in gemischten Gruppen schwimmen. „Das sind keine guten Moslems", antwortete der Mann und beharrte auf seinem Standpunkt.

Später wurde dem Schulleiter bewusst, dass es vor allem ein besorgter Vater war, der hier sprach und das Beste für sein Kind wollte (positives Wollen). Erst dann konnte der Schulleiter den Vater in seinem positiven Wollen anerkennen und darauf aufbauend ein Gespräch über das Anliegen des Vaters und das Beste für das Kind beginnen. ◄

Das mehrfache Hinsehen und damit verbundenes Stellen der anderen Fragen (Botman et al. 2001, S. 32) bedeutet zum Beispiel bei einer scheinbaren ethnisch-kulturellen Differenz, die Frage zu stellen: Spielt es vielleicht eine Rolle, ein Mann oder eine Frau zu sein, oder spielen das Alter, die sozioöko-nomische Klasse, die Funktion der Beteiligten eine Rolle? Ist der Unterschied nicht so sehr ethnokulturell, sondern rechtlich, psychologisch oder materiell, und welche anderen Aspekte der Macht und der Ausgrenzung spielen eine mögliche Rolle?

Auch können Praktiker durch das mehrfache Hinsehen Klienten unterstützen, sich anderer sozialer Identitäten bewusst zu werden als die, die sie selbst in den Vordergrund stellen.

Beispiel

Ein Mitarbeiter des Arbeitsamts erzählte, wie es ihm gelungen war, dass ein Ehemann seiner Frau doch erlaubte, zu arbeiten, obwohl er es ihr zuerst verboten hatte. Seine Frau konnte in einem Pflegeheim arbeiten, aber ihr Mann war dagegen, weil das Waschen von Männern zu ihren Aufgaben zählte. Der Mitarbeiter fragte die Frau, was der Grund des Widerstands ihres Mannes sei. Sie sagte, dass ihr Mann Angst vor Intimität und Sexualität habe. Der Mit-arbeiter sagte, dass er diese Sorge ihres Mannes verstehen könne. Er fragte, ob es für sie hilfreich sein könnte – sowohl für sie selbst als für das Gespräch mit ihrem Mann –, sich darüber bewusst zu sein, dass sie das Waschen nicht als Frau mache, sondern als Pflegerin und dass sie keine Männer waschen wird, sondern Bewohner, die alt und krank sind. Dieses mehrfache Hinsehen half der Frau, ein gutes Gespräch mit ihrem Mann zu haben, und seine Ein-willigung, als Pflegerin zu arbeiten, zu bekommen. ◄

Wie Menschen ihre Beziehungen zu anderen Menschen interpretieren, kann unterschiedlich sein. Die Unterschiede betreffen u. a. große/kleine Machtdistanz, Individualismus/Kollektivismus, Maskulinität/Femininität (Hofstede 1997), Gesicht und Ehre, Statuszuweisung: errungen z. B. aufgrund der erbrachten Leistungen einer Person oder zugeschrieben z. B. aufgrund des Alters einer

Person (Trompenaars 2004), sachliche/persönliche Arbeitsbeziehungen und Vertrauensbildung „aus dem Kopf": kognitiv, basierend auf Informationen und Fähigkeiten der anderen, oder Vertrauensbildung „vom Herzen": affektiv, empathisch und zwischenmenschlich (Chua et al. 2008, S. 1–2).

5.4 Der Bereich Organisation

Der Bereich Organisation als der organisatorische Rahmen der Kommunikation kann sich auf verschiedene Ebenen beziehen. Sie alle beeinflussen die konkrete Gesprächsführung. Auf der Makroebene gibt es die geografischen Gegebenheiten, die gesellschaftlichen und politischen Machtverhältnisse, die Gesetze und Verordnungen, die Institutionen und gesellschaftlichen Positionen. Auf der Mesoebene sind es die Institutionen, Unternehmen und Organisationen, jede mit ihrer eigenen Mission, Strategie, Struktur, Kultur und ihren Arbeitsprozessen. Auf der Mikroebene die konkreten organisatorischen Aspekte eines Gesprächs wie die Tagesordnung für das Treffen, die Aufgabe des Praktikers, die Einrichtung des Raumes und die verfügbare Zeit.

Die sehr spezifische und differenzierte Organisation vieler Einrichtungen (z. B. des Gesundheitswesens und der sozialen Einrichtungen) stellt viele Menschen vor Kommunikationsprobleme. Regelmäßig fragen sich die Klienten: Wer ist wofür zuständig und wie muss ich mein Anliegen formulieren? Vor allem viele Migranten haben aufgrund von Erfahrungen in ihrer Heimat keine oder eine andere Vorstellung von den organisatorischen Aspekten der Kontakte mit Amtspersonen. Diese Aspekte sind unter anderem:

- welche Einrichtung zu kontaktieren ist
- Anmeldungs- und Einschreibprozeduren
- Funktionen, Zuständigkeiten und Entscheidungsbefugnisse der verschiedenen Mitarbeiter
- die Überweisung an eine andere Instanz
- die verschiedenen Arten von Gesprächen wie Anmeldung, Aufnahmegespräch und weiterführende Gespräche
- die Prozeduren, Regeln und Vereinbarungen
- die Themenliste, Zielsetzung, verfügbare Zeit des Gesprächs
- die Formulare und Dokumente, die eine Rolle spielen
- die verfügbaren Einrichtungen, derer man sich bedienen kann (z. B. Dolmetscher)

Es ist auch wichtig, dass Praktiker nach den Erfahrungen, Bildern, Ideen und Erwartungen der beteiligten Person fragen. Wenn sich der Praktiker mit ihr in Verbindung tritt, kann eine gemeinsame Basis geschaffen werden.

Viele Missverständnisse und Konflikte im Bereich Organisation können durch ein Diversitätsmanagement (interkulturelle Öffnung), das alle Aspekte der Organisation, einschließlich Strategie, Personal, Arbeitsprozesse und Methodik, auf die Vielfalt der Zielgruppen abstimmt, verhindert werden.

5.5   Der Bereich Wollen

Das Wollen umfasst die zugrunde liegenden Beweggründe, Absichten, Interessen und Wünsche (Appell) – und darunter Emotionen, Bedürfnisse und Werte der Menschen; das, was Menschen motiviert, das zu tun, was sie tun. Betrachtet man dieses unterschwellige Verhalten, so tut jeder Mensch „sein Bestes" für etwas, auch wenn es auf den ersten Blick nicht so aussieht. Daher ist es wichtig, dass Praktiker eine positive Sicht auf die Menschen haben: Hinter jedem Verhalten, so seltsam, irrational und abweichend es auch sein mag, steht – für die betreffende Person – ein logisches und positives Wollen.

Wenn es in einem Gespräch um schwierige Themen geht, hilft es, die zugrunde liegenden Motive der Person zu hinterfragen und anzuerkennen. Anerkennung ist eine grundlegende Lebensnotwendigkeit für jeden Menschen und deshalb eine Grundvoraussetzung für erfolgreiche Kommunikation. Bei der Anerkennung geht es darum, Menschen als Person wertzuschätzen, Respekt zu zeigen. Anerkennung ist die aufrichtige Kenntnisnahme dessen, wer die andere Person ist, damit sie sich wahrgenommen fühlt und eine Existenzberechtigung hat. Anerkennung ist der Versuch, die andere Person zu verstehen, die Dinge aus ihrer Perspektive zu betrachten, zu wissen, was sie meint, und sich vorstellen und nachvollziehen zu können, dass sie genau *so* fühlt und denkt und demnach genau *so* tut und spricht. Praktiker können dies versuchen, indem sie z. B. fragen: „Was bringt Sie dazu?", „Was macht Sie so wütend?", „Wovor haben Sie Angst?", „Was ist Ihnen wichtig?", „Was wollen Sie damit erreichen?", „Welche Bedeutung hat das für Sie?".

Wenn Menschen sich anerkannt fühlen, öffnen sie sich leichter für andere Ideen und Sichtweisen. Erst dann können sie ihre Sicht und ihr Verhalten erweitern oder ändern. Die Personen wollen zuerst das Gefühl haben, dass ihre Wirklichkeitsauffassung, ihre Sichtweise, ihre Bedürfnisse, Motive, Werte und wie sie dies alles artikulieren, gehört werden.

Anerkennen ist ausdrücklich *nicht* dasselbe wie zustimmen, einverstanden sein. Viele Menschen finden es schwierig, einen anderen anzuerkennen. Sie haben das Gefühl, dass sie dem anderen damit recht geben, mit ihm einer Meinung sind. Man kann die Motive eines Verhaltens anerkennen, ohne mit dem Verhalten einverstanden zu sein, und es, wenn nötig, entschieden ablehnen oder ihm Einhalt gebieten.

Die Werte eines Menschen sind ein wichtiges Motiv für sein Handeln. Im Hinblick auf das Lösen von Wertekonflikten ist die Unterscheidung zwischen Werten und Normen von Bedeutung, da diese oft verwechselt werden. Werte sind abstrakt und nicht sichtbar. Beispiele sind Gerechtigkeit, Respekt, Solidarität, Liebe, Vertrauen. Normen sind sichtbar; sie sind die Art und Weise, wie Werte im Verhalten der Menschen zum Ausdruck kommen. Menschen können die gleichen Werte teilen, sie aber unterschiedlich ausdrücken. Zum Beispiel kann der Wert Respekt bei einer Begrüßung mit einem Handschlag, einem Nicken, einem Lächeln, einer Hand auf dem Herzen usw. ausgedrückt werden. Die Werte Ehrlichkeit, Offenheit und Respekt können während eines Gesprächs durch Wegschauen oder durch Anschauen gezeigt werden.

Wenn jemand eine andere Norm hat, bedeutet dies also nicht, dass er einen anderen oder keinen Wert hat. Es ist daher wichtig, nicht direkt ein Werturteil zu fällen, wenn sich jemand anders verhält, als man es gewohnt ist: Zum Beispiel kann eine Person aus Respekt (ihr Wert) wegschauen (ihre Norm) und es unhöflich finden, jemandem in die Augen zu schauen.

Wenn es in der Kommunikation Konflikte um Werte gibt, dann gibt es im Allgemeinen zwei Möglichkeiten, wie Praktiker reagieren können (Procee 1991): Die erste ist eine universalistische Form des absoluten Monismus, die auf einer dominanten überlegenen universellen Kultur basiert, in der andere Kulturen zurückgeblieben sind, noch auf dem Weg zu dieser überlegenen Kultur sind oder sogar eine Bedrohung für die dominante Kultur darstellen. Monismus ist erkennbar in Aussagen, wie „Sie sind jetzt in Deutschland und hier machen wir es so", „Der Islam ist eine rückständige Kultur" oder subtiler: „*Früher* haben die Frauen bei uns auch das Kopftuch getragen" (als ob die heutigen Kopftuchträgerinnen prämodern und zurückgeblieben wären). Eine solche monistische Haltung führt zu Ethnozentrismus und kultureller Dominanz in der Kommunikation: die negative Bewertung der anderen kulturellen Werte und die Forderung nach Anpassung an die Mehrheitskultur. Eine zweite Reaktion ist eine kulturrelativistische, die von der Prämisse ausgeht, dass alle Kulturen gleich sind und Respekt verdienen, da jede Kultur ihre eigene Antwort auf die Fragen und Umstände innerhalb des Kontextes, in dem sie entstanden ist, darstellt. Es gibt also keine kulturübergreifende moralische Wahrheit, auf deren Grundlage man andere kulturelle Gewohnheiten beurteilen kann, und es bleiben nur Toleranz und Respekt übrig.

An sich ist es gut, die eigenen Gewohnheiten, Werte und Normen nicht als absoluten Maßstab für die Beurteilung von Andersdenkenden zu verwenden, aber es besteht die Gefahr, dass universelle Werte durch die Berufung auf Kultur oder Religion verletzt werden können. Und dies kann sowohl durch die herrschende Mehrheit als auch durch Minderheiten geschehen. Nachfolgend je ein Beispiel aus Deutschland und aus den Niederlanden:

Beispiel

Er schlug sie, er droht ihr mit Mord: Eine aus Marokko stammende Deutsche wollte sich möglichst schnell von ihrem Mann scheiden lassen. Eine Richterin lehnte den Antrag ab. Der Grund: „Schließlich sei die Züchtigung von Frauen im Koran vorgesehen. (…) Man müsse berücksichtigen, dass beide Ehepartner aus dem marokkanischen Kulturkreis stammen würden" (Medick & Reimann 2007). ◄

Beispiel

Die Sozialarbeiterin einer Schule hat ein Gespräch mit einer surinamischen Mutter, die gewohnt ist, ihre Tochter durch Schlagen zu bestrafen. Die Sozialarbeiterin gibt ihr zu verstehen, dass Schlagen keine Methode ist, um ein Kind zur Gehorsamkeit zu erziehen. Damit ist die Mutter nicht einverstanden. Das Kind gehorcht ihr nun einmal gut. Sie sagt: „Wir Surinamerinnen machen das nun einmal so, das ist unsere Kultur." ◄

Procee (Procee 1991) bietet mit dem von ihm entwickelten Pluralismus eine Alternative sowohl zum Monismus als auch zum Kulturrelativismus. Den Kern des Pluralismus bilden die Nichtausgrenzung und die Förderung des Dialogs. Was die Nichtausgrenzung betrifft, so bedeutet Pluralismus die Anerkennung universeller nicht-kultureller Grundwerte wie die Gleichheit jedes Menschen, unabhängig von Geschlecht, Religion, Herkunft, Hautfarbe und sexueller Präferenz; die Unversehrtheit des eigenen Körpers und die Freiheit zu entscheiden, was für sich selbst ein gutes Leben ist. Diese universellen Grundwerte bilden einen nicht verhandelbaren Rahmen. Innerhalb dieses nicht verhandelbaren Rahmens von Grundwerten plädiert Procee (Procee 1991) für den Dialog. Für Praktiker bedeutet dies, dass sie für diese Grundwerte eintreten und gegebenenfalls aktiv eingreifen, um Verstöße gegen diese Werte zu unterbinden. Das bedeutet, klare Grenzen zu setzen gegen Gewalt und gegen Ungleichbehandlung aufgrund von Geschlecht, Herkunft, Religion, Hautfarbe und sexueller Orientierung – auch wenn Menschen diese mit ihrer Kultur oder Religion legitimieren. Gleichzeitig tritt ein Praktiker mit der betreffenden Person in einen Dialog, wobei er davon ausgeht, dass diese Person dieselben Grundwerte teilt und ein positives Wollen hat, d. h. gute Gründe für sich selbst hat, so zu handeln. Die Frau, die sich rassistisch äußert, kann von Angst getrieben sein. Die Eltern, die ihre Tochter verheiraten, können das Beste für ihre Tochter in der Tradition ihrer Familie wollen. Der Vater, der seinen Sohn schlägt, möchte vielleicht den Respekt zurückerhalten.

Die aufrichtige Anerkennung dieses Wollens – wobei Anerkennung, nochmals betont, nicht gleichbedeutend ist mit Zustimmung zum Verhalten – schafft Raum für Veränderungen.

Gesprächsstrategien

6

Im Folgenden findet sich eine Auflistung der wesentlichen Gesprächsstrategien für eine erfolgreiche interkulturelle Gesprächsführung.

- Die interkulturelle Kommunikation dekulturalisieren: in die Kommunikation hineinzoomen und den einzigartigen Menschen anerkennen – unabhängig davon, wo sie oder er herkommt. Dekulturalisierung ist *nicht* die Verleugnung des kulturellen Hintergrundes einer Person, sondern die Verlagerung in der Kommunikation vom Fokus auf Kultur oder Religion auf die einzigartige Person mit ihrer eigenen Geschichte. Damit wird vermieden, dass Unterschiede nur auf nationale, ethnisch-kulturelle oder religiöse Hintergründe zurückgeführt und nur als kulturell interpretiert werden. Interkulturelle Kommunikation wird so Normalität: gewöhnliche zwischenmenschliche Kommunikation, bei der immer Unterschiede auftreten können.
- Die Eigenart, Unbefangenheit, Balance und Echtheit bewahren: keine Verkrampftheit aus Angst, Fehler zu machen. Entscheidend ist eine Haltung des Engagements, der Achtsamkeit, des Respekts, der Offenheit, die man vor allem nonverbal ausstrahlt. Die Menschen sehen und fühlen dies und können „Fehler" leichter verstehen und akzeptieren (siehe unten: Mit den Effekten seiner Kommunikation arbeiten).
- Schlussfolgerungen und Urteile in der Schwebe halten und darauf vertrauen, dass hinter jedem Verhalten eines Menschen – egal wie unterschiedlich, fremd und negativ – ein für die Person logisches und positives Wollen steckt: Menschen haben für sich selbst gute Gründe, warum sie genauso handeln, denken und fühlen. Im Falle einer Fremdheitserfahrung macht diese Annahme es leichter, in Balance zu bleiben, sich nicht direkt betroffen zu fühlen, keine unmittelbaren Schlussfolgerungen zu ziehen und dem anderen keine Vorwürfe

zu machen. Gegebenenfalls kann man positiv auf den anderen zugehen und versuchen, den Hintergrund der auftretenden Differenz herauszufinden.

- Für Unterschiede offen und vorbereitet sein: Dies bedeutet ausdrücklich *nicht,* dass man sich im Vorfeld über alle möglichen Unterschiede informieren muss und Dos and Don'ts auswendig kennt. Es genügt zu erkennen, dass in den TOPOI-Bereichen Unterschiede in Bezug auf die verbale und nonverbale Sprache (Sprache), die Sichtweisen (Sichtweise), wie jeder sich selbst, einander und die Beziehung erlebt (Personen), die organisatorischen und gesellschaftlichen Aspekte (Organisation), und die zugrunde liegenden Beweggründe (Wollen) auftreten können.

- Auf Unterschiede und auf Gemeinsamkeiten schauen: sich nicht nur auf die eigenen selbstverständlichen Gewohnheiten und Kommunikationsformen konzentrieren, sondern mit allen Sinnen wahrnehmen, z. B. unterschiedliche Begrüßungen, Kommunikationsstile und Formen der Aufmerksamkeit. Darüber hinaus achtet man auch auf Gemeinsamkeiten und erkennt ähnliche oder sogar identische Interessen, Bedürfnisse, Emotionen und soziale Identitäten (z. B. Elternschaft, Ausbildung, Filmfan).

- Zirkulär arbeiten: Falls die Kommunikation nicht reibungslos verläuft, gibt man nicht gleich dem anderen die Schuld, sondern denkt über den eigenen Anteil an der Kommunikation nach: Was mache ich, dass der andere so reagiert? Es ist auch wichtig, über den Einfluss sozialer Repräsentationen – vorherrschende Auffassungen, Bilder und aktuelle sowie historische kollektive Erfahrungen – zu reflektieren, die die Kommunikation möglicherweise negativ beeinflussen.

- Mit den Effekten der eigenen Kommunikation arbeiten, nicht mit den Absichten: Im Zusammenhang mit der Aufrechterhaltung der Unbefangenheit und der Vorbereitung auf mögliche Unterschiede achtet man auf mögliche Signale des Gegenübers, die auf Verwirrung, Irritation oder Ärger hinweisen. Diese können dann helfen, Sachverhalte zu klären. Auf diese Weise arbeitet man mit den Auswirkungen der eigenen Kommunikation, wobei die Reaktion des anderen der Ausgangspunkt für die Folgekommunikation ist. Man behält die Regie über das Gespräch, verbindet sich aber mit der anderen Person.

- Aktiv zuhören und beobachten: Wenn Menschen in ihrer Kommunikation nicht explizit sind, nicht klar sagen, was vor sich geht, was ihre Motive oder Absichten sind, ist es gut, zu versuchen, die Person und die Situation auf Grundlage dessen, was man fühlt und bemerkt, zu verstehen. Aktives Zuhören ist der Versuch, die implizite Bedeutung von Signalen, Umgebungsfaktoren, Worten, Stille und Körpersprache mit allen Sinnen einfühlsam und intuitiv zu verstehen. Es bedeutet, sensibel zu sein für unterschiedliche Kommunikationsstile, für Gesichtsverlust, für die Rollen und Arten von Beziehungen und wie diese das Gesagte und Nichtgesagte beeinflussen.

- Erklären und nachfragen: Im Zweifelsfall über Bedeutungen oder Absichten kann man die eigenen Bedeutungen explizit machen und/oder genau nachfragen, was die andere Person meint. Zum Beispiel: Wenn jemand vage Antworten gibt: „Können Sie mir bitte helfen, es besser zu verstehen, und erklären, was Sie meinen?"

- Metakommunikation ist eine Kommunikationsstrategie, bei der man über die Kommunikation selbst spricht: Gerade bei schwierigen Interaktionen kann es notwendig sein, den Ablauf der Kommunikation zu klären. Die Gesprächspartner reden dann darüber, dass die Kommunikation ihrer Meinung nach nicht reibungslos verläuft. Sie versuchen zu klären, was in der Kommunikation schiefläuft und was nötig ist, damit die Kommunikation besser funktioniert. Die TOPOI-Lupe kann dabei hilfreich sein.

- Beobachten, informieren und anpassen: Gerade im Hinblick auf die nonverbale Höflichkeit hilft es, zu beobachten, wie andere es tun. Man ergreift nicht direkt selbst die Initiative, sondern wartet ab, um zu sehen, wie die Dinge laufen und was erwartet wird. Zum Beispiel: Wie läuft eine Begrüßung ab? Wenn mehrere Personen anwesend sind, in welcher Reihenfolge und auf welche Weise? Wie präsentiert man eine Visitenkarte und wie nimmt man sie entgegen? Wie ist die Tischanordnung: Wer setzt sich zuerst und wer sitzt wo? Wie verhält man sich beim Abendessen? Manchmal kann man auch benennen, wie man es gewohnt ist. Zum Beispiel: „Ich bin es gewohnt, ein Geschenk sofort auszupacken: Ist das O.K. für Sie?" Natürlich ist es auch möglich, sich vor Ort über Gewohnheiten zu informieren, sofern man sich bewusst ist, dass die Person und die Situation *anders* als erwartet sein könnten. Wenn die Unterschiede überwindbar sind, kann man sich an die Gewohnheiten der anderen anpassen, wie z. B. an einen anderen Kommunikations-, Besprechungs- oder Entscheidungsstil und an das nonverbale Verhalten.

- Umdeutung und transformatives Lernen: Umdeutung ist die kritische Reflexion der eigenen Annahmen, um zu einer Neubewertung eines Ereignisses zu kommen. Wenn man ein überraschendes oder unangenehmes Ereignis (eine Fremdheitserfahrung) erlebt, schreibt man diesem eine bestimmte Bedeutung zu und hat ein – oft negatives – Urteil darüber. In einem solchen Fall hilft es, zu versuchen, alternative Annahmen zu entwickeln, um zu einer neuen Bedeutung und einem anderen, milderen Urteil zu gelangen.

Beispiel

Eine (belgische) Studentin hörte mit Abscheu von Mitstudenten aus Nigeria und Kamerun, dass manche Menschen dort Hunde und Katzen essen. Ihre nigerianischen und kamerunischen Kommilitonen wiederum waren verblüfft, wie Hunde in Belgien behandelt wurden. Später dachte sie über ihre Annahmen nach, die das Ereignis für sie so schockierend machten. Die Studentin konnte eine neue Sichtweise entwickeln, indem sie sich fragte, was der Unterschied zwischen dem Verzehr von Hunden und dem Verzehr von Kühen und Schweinen ist und wer entscheidet, was „normal" zu essen ist. Es half ihr auch, umzudeuten, wie überrascht ihre Kommilitonen über die Behandlung von Hunden in Belgien waren. ◄

- Dialogisches Gespräch: Ein Dialog ist die gemeinsame Untersuchung von Bedeutungen, um zu einer gemeinsamen Sichtweise dessen zu gelangen, was in dem Thema, über das die Teilnehmer miteinander sprechen, „gut" ist. Es geht nicht darum, die andere Person von der eigenen Wahrheit zu überzeugen, sondern die Leitwerte und Prinzipien zu untersuchen, die dem Thema zugrunde liegen. So funktioniert ein Dialog verbindend zwischen den Beteiligten, denn hinter scheinbar gegensätzlichen Ansichten oder Differenzen verbergen sich oft die gleichen Werte und Prinzipien.
  Ausgangspunkte für einen Dialog sind (Hartkemeyer und Hartkemeyer 2005):
  – Die Beteiligten wollen tatsächlich etwas miteinander zu tun haben. Sie suchen wirklich den Kontakt mit der anderen Person.
  – Sie haben eine lernende Haltung: achtsam, offen und bescheiden.
  – Sie reagieren auf das, was jemand sagt, und versuchen, zu verstehen, warum sie oder er es sagt.
  – Sie hören nicht nur auf die Worte, die jemand sagt, sondern auch auf die zugrunde liegenden Absichten und Motive (= Wollen).

Was Sie aus diesem *essential* mitnehmen können

- Bewusstsein für die Risiken eines kulturalistischen Ansatzes.
- Interkulturelle Kommunikation als zwischenmenschliche Kommunikation.
- Ein Neukonzept von Kulturalität und Interkulturalität.
- Die TOPOI-Lupe, um an ein Gespräch heranzuzoomen und die möglichen Missverständnisse zu reflektieren.
- Kommunikative Strategien für interkulturelle Gesprächsführung.

Literatur

Bauman, Z. (2000). *Liquid modernity*. Cambridge: Polity Press.

Blommaert, J. (2015). Commentary: 'culture' and superdiversity. *Journal of Multicultural Discourses*. https://doi.org/10.1080/17447143.2015.1020810.

Botman, M., Jouwe, N. & Wekker, G. (2001). *Caleidoscopische visies: Zwarte, migranten-en vluchtelingen-vrouwenbeweging in Nederland*. Amsterdam: KIT.

Chua, R., Ingram, P. & Morris, W. (2008). From the Head and the Heart: Locating Cognition and Affect-Based Trust in *Managers' Professional Networks*. ink.library.smu. edu.sg/cgi/viewcontent.cgi?article=4838&context=lkcsb_research.

Hansen, K. P. (2009). *Kultur, Kollektiv, Nation*. Passau: Verlag Karl Stutz.

Hansen, K. P. (2000). Kultur und Kulturwissenschaft. Tübingen: A. Francke Verlag.

Hartkemeyer, J. F. & Hartkemeyer, M. (2005). *Die Kunst des Dialogs. Kreative Kommunikation entdecken*. Stuttgart: Klett-Cotta.

Hoffman, E. (2015). *Interkulturelle Gesprächsführung*. Wiesbaden: Springer.

Hofstede, G. (1997) *Lokales Denken, globales Handeln. Interkulturelle Zusammenarbeit und globales Management*. München: C. H. Beck.

Henze, J. (2016) Vom Verschwinden des (Inter)Kulturellen und überleben der (Inter) Kulturalität. *interculture journal* 15/26 (2016). S. 59–75.

Kreps, G. L. & Kunimoto, E. N. (1994). *Effective communication in multicultural health care settings*. Thousand Oaks/London/New Delhi: Sage publications.

Medick, V. & Reimann, A. (2007). *Deutsche Richterin rechtfertigt eheliche Gewalt mit Koran*. https://www.spiegel.de/politik/deutschland/justiz-skandal-deutsche-richterin-rechtfertigt-eheliche-gewalt-mit-koran-a-472849.html.

Moscovici, S. (1981). On social representations. In: Forgas, J. P. (Hrsg.). *Social cognition. Perspectives on everyday understanding*. London: Academic Press, S. 181–209.

Nazarkiewicz, K. (2016). Kulturreflexivität statt Interkulturalität? *interculture journal* 15/26 (2016). S. 23–33.

Palmen, C. (1999). *I.M.* Zürich: Diogenes Verlag.

Procee, H. (1991). *Over de grenzen van culturen*. Meppel: Boom.

Rathje, S. (2009). *Der Kulturbegriff – Ein anwendungsorientierter Vorschlag zur General-überholung*. http://stefanierathje.com/fileadmin/Downloads/stefanie_rathje_kultur-begriff.pdf.

Rathje, S. (2006). *Interkulturelle Kompetenz – Zustand und Zukunft eines umstrittenen Konzepts.* http://zif.spz.tu-darmstadt.de/jg-11-3/docs/rathje.pdf.

Rosenberg, E. (2009). *Een Marokkaan verhoren duurt wat langer. NRC,* 08.04.2009, S. 3.

Trompenaars, F. (2004). *Business Weltweit. Der Weg zum interkulturellen Management.* Hamburg: Murmann Verlag.

Vertovec, S. (2007). Super-diversity and its implications. *Ethnic and Racial Studies,* 29(6). S. 1024–1054.

Watzlawick, P. Jackson, D. und Beavin, J. (2003). *Menschliche Kommunikation.* Göttingen: Verlag Hans Huber.

}essentials{

Sven Pastoors · Helmut Ebert

Prinzipien der Respektkommunikation

Psychologische Grundlagen einer
erfolgreichen Zusammenarbeit

🕮 Springer

Printed in the United States
By Bookmasters